투자의 정도正道

주식투자 이론편

투자의 정도正道

발행일	2025년 10월 24일
지은이	Trader Park
펴낸이	손형국
펴낸곳	(주)북랩
출판등록	2004. 12. 1(제2012-000051호)
주소	서울특별시 금천구 가산디지털 1로 168, 우림라이온스밸리 B동 B111호, B113~115호
홈페이지	www.book.co.kr
전화번호	(02)2026-5777 팩스 (02)3159-9637
ISBN	979-11-7224-874-1 03320 (종이책) 979-11-7224-875-8 05320 (전자책)

잘못된 책은 구입한 곳에서 교환해드립니다.
이 책은 저작권법에 따라 보호받는 저작물이므로 무단 전재와 복제를 금합니다.
본 도서는 (주)북랩이 보유한 리코 인쇄 장비 등 자체 생산 인프라를 통해 제작되었습니다.

작가 연락처 문의 ▸ ask.book.co.kr

전용 게시판에 문의를 남기시면 저자에게 직접 전달됩니다.

(주)북랩 성공출판의 파트너

북랩 홈페이지와 SNS에서 다양한 출판 솔루션을 만나 보세요!

홈페이지 book.co.kr   •   **블로그** blog.naver.com/essaybook   •   **출판문의** text@book.co.kr
카톡채널 북랩

― 주식 투자 이론편 ―
STOCK INVESTMENT

투자의 정도 正道

Trader Park 지음

북랩

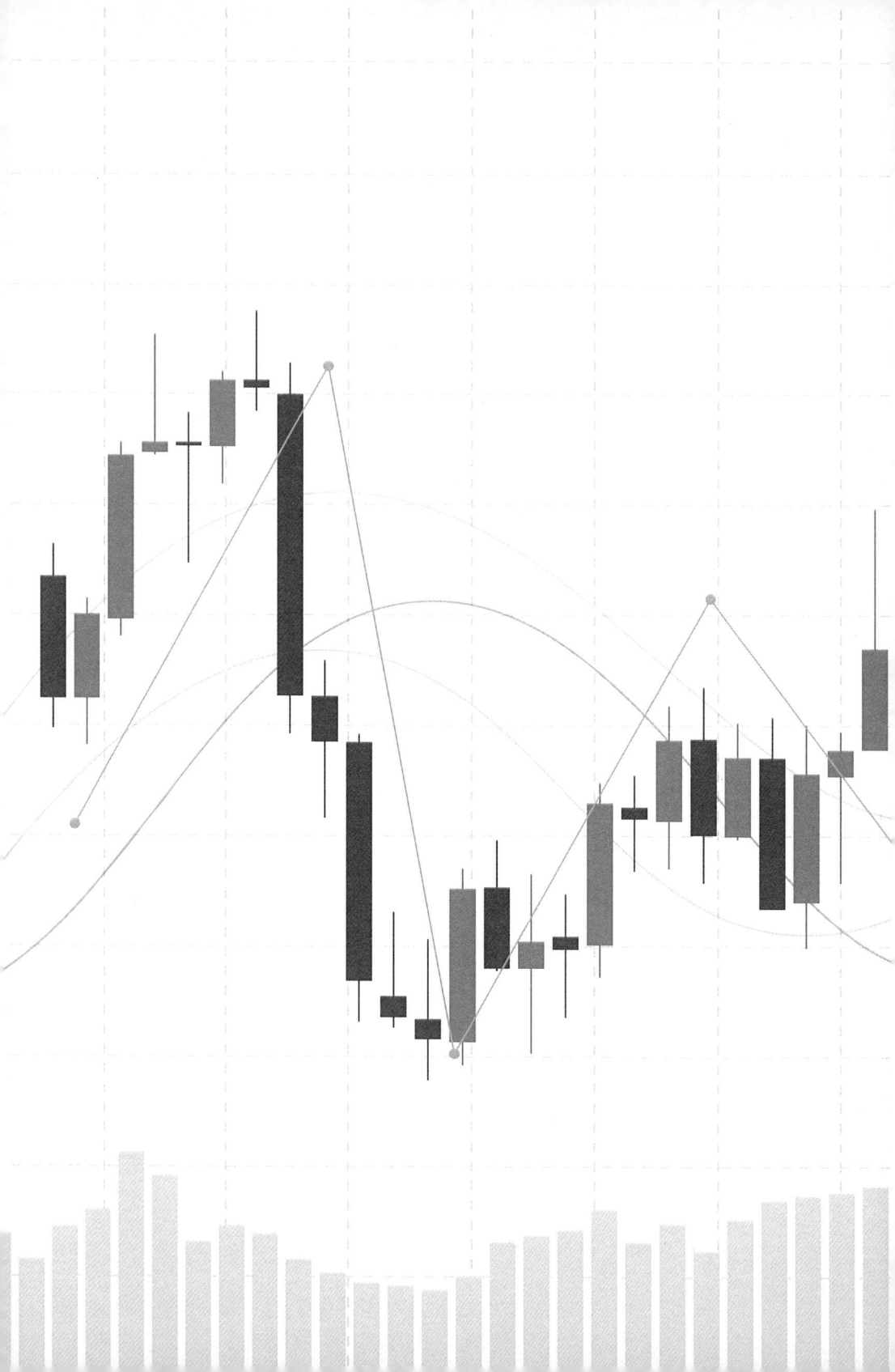

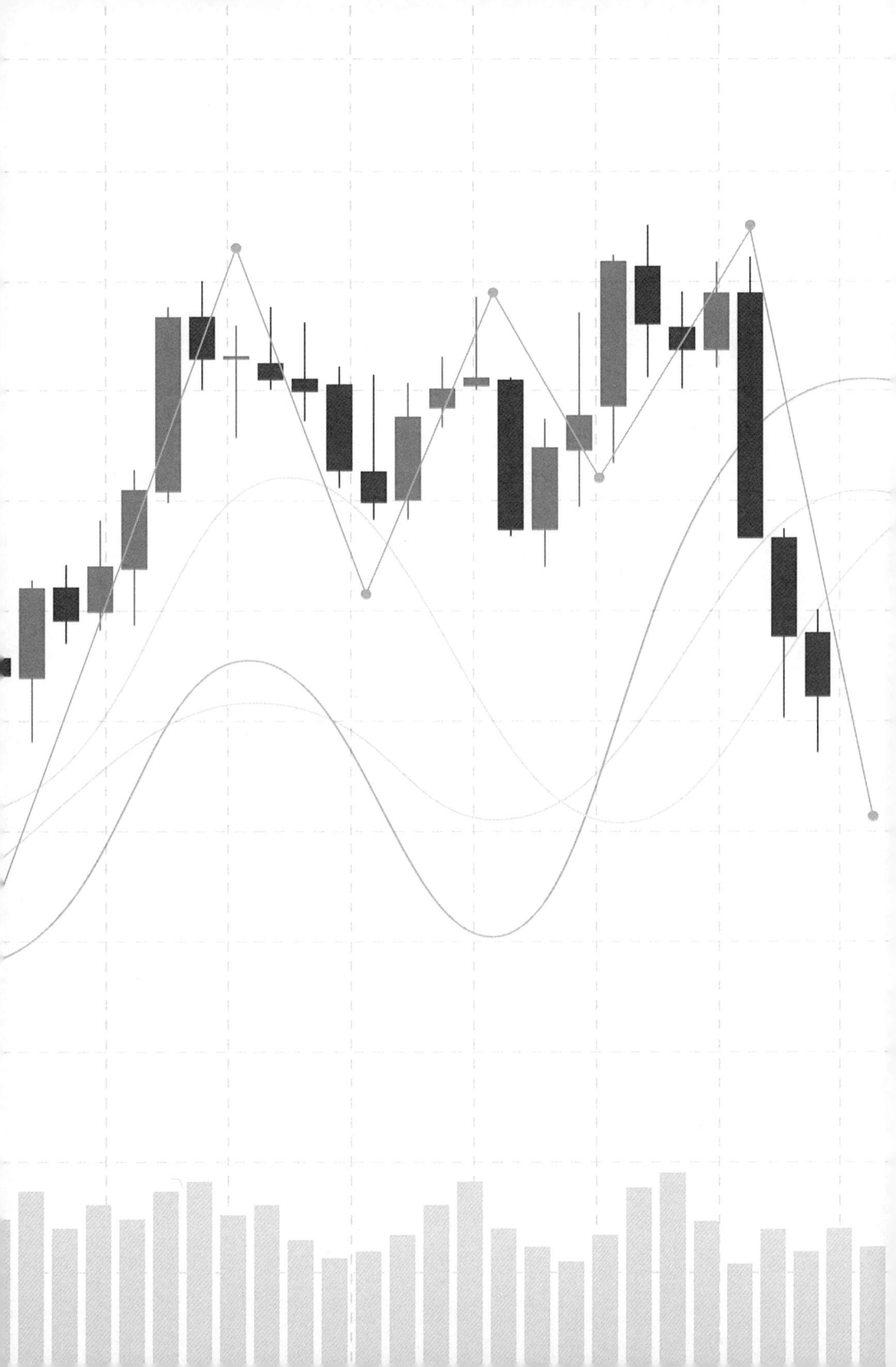

CONTENTS

PART 1
투자의 기본

1장. 투자에 앞서 준비해야 할 사항 13
　1. 계속 공부하라 13
　2. 경험을 쌓아라 15

2장. 주식이란 19
　1. 주식회사의 기원 19
　2. 주식회사의 구조 23

3장. 주식투자란 28
　1. 주식투자란 무엇일까? 28
　2. 기술적 vs 기본적 분석 32
　3. 기술적, 기본적 분석의 차이 35
　4. 기술적 분석의 진정한 의미 36
　5. 기본적 분석의 의미 41
　6. 기술적, 기본적 분석의 중요성 43

PART 2
기술적 분석

1장. 기술적 분석의 이해	51
1. 기술적 분석이란	51
2. 기술적 분석의 가정	55
3. 기술적 분석의 기본	58
2장. 기술적 분석 - 추세	63
1. 추세란	63
2. 추세 형성의 원인	65
3. 추세 파악의 중요성	67
4. 추세 분석	68
5. 추세 관련 기술적 분석	77
3장. 기술적 분석의 종류	83
1. 이동평균선 분석	83
2. 거래량 분석	103
3. 캔들 분석	108
4. 기타 기술적 분석	128

PART 3
기본적 분석

1장. 기본적 분석(가치투자)의 이해   143
    1. 기본적 분석이란   143
    2. 양적 분석   144
    3. PER(Price to Earnings Ratio, 주가수익비율)   145
    4. PBR(Price to Book Ratio, 주가 순자산비율)   150
    5. ROA(Return On Assets, 총자산수익률),
       ROE(Return On Equity, 자기자본수익률)   154
    6. 질적 분석   156

2장. 재무제표의 이해   159
    1. 기업의 본질과 재무제표   159
    2. 재무제표란   161
    3. 재무제표의 작성 과정   163
    4. 감사의견   165

3장. 재무제표와 재무상태표   167
   1. 재무상태표의 개괄   167
   2. 자산의 이해(유동·비유동자산)   170
   3. 부채의 이해(유동·비유동부채)   202
   4. 자본의 이해   216

4장. 재무제표: 손익계산서   224
   1. 손익계산서의 개괄   224
   2. 손익계산서의 구성   227

5장. 재무제표: 현금흐름표, 자본변동표, 주석   240
   1. 현금흐름표란   240
   2. 현금흐름표의 구성   243
   3. 현금흐름에 따른 기업 유형   246
   4. 기타재무제표: 주석   250

PART 1
투자의 기본

1장
투자에 앞서 준비해야 할 사항

1. 계속 공부하라

사자성어 중에 수주대토(守株待兔)라는 말이 있다. '나무 그루터기를 지키며 토끼를 기다린다는 뜻'이다. 어느 날 농부가 농사일을 하다 나무 그루터기에서 쉬고 있는데, 풀숲에서 갑자기 토끼 한 마리가 뛰어나와 나무에 부딪쳐 목이 부러져 죽고 말았다. 농부는 얼떨결에 토끼를 얻게 되었고 그 후 일도 하지 않고 매일같이 나무 그루터기에 앉아서 토끼가 뛰어나오길 기다렸다. 수주대토(守株待兔)의 뜻을 한마디로 말하면 '노력 없이 얻으려 한다'라는 뜻이다.

주식시장에서는 수주대토하려는 주식투자자들이 너무나도 많다. 처음 주식투자를 시작하는 사람일수록 주식시장이 너무 쉽게 보인다. 나 역시 처음에는 쉽게 돈을 벌어 볼 목적으로 주식시장에 뛰어들었다. 처음 100만 원으로 주식을 시작했을 때 나의 목표는 하루 10%씩 수익률을 올려 40대가 되기 전에 100억 원 이상의 자산을 만드는 것이었다. 지금 생각해 보면 말도 안 되는 계획이었다. 그러나 그 당시 나는 진심이었다.

나는 주식투자를 단지 싸게 사서 비싸게 팔면 되는 아주 간단한 게임이라고 생각했다. 하지만 이러한 생각이 터무니없다는 것을 철저한 실패를 통해 배웠다. 나의 경험상 주식투자는 매우 어렵고 고단한 과정이다. 대다수의 일반 주식투자자들은 몇 권의 책과 강의를 듣고 주식투자에 뛰어든다. 이렇게 뛰어든 주식투자에서 몇 번의 성공을 거두면 자신이 주식투자에 고수라도 된 듯 여기저기 종목을 추천하고 다닌다. 그러나 안타깝게도 주식시장은 이처럼 어설픈 투자자들을 용납하지 않는다.

주식시장은 절대로 만만하지 않다. 우리가 보고 있는 HTS(Home trading system) 화면 너머에는 하루 종일 주식만 연구하는 수많은 전문가들이 존재한다. 개인 투자자뿐 아니라 증권사 애널리스트, 펀드매니저, 외국인 투자자, 상장사 CEO 등 방대한 정보력과 실력을 갖춘 이들과 함께 우리는 매매하고 있는 것이다.

생각해보면, 지금 내가 매수 버튼을 누르고 있는 순간, 지구 반대편에서는 워런 버핏이 같은 종목을 매도하고 있을 수도 있다. 이처럼 주식시장은 전 세계의 뛰어난 투자자들과 실시간으로 경쟁하는 곳이다. 우리는 이들과 멀리 떨어져 있기에 실감하지 못할 뿐, 사실상 같은 교실에 모여 워런 버핏, 피터 린치, 조지 소로스와 함께 시험을 치르고 있는 셈이다.

이런 상황 속에서 과연 자금력도 없고 정보력도 없는 내가 그들과의 경쟁에서 살아남을 수 있을까? 정말 어림없는 이야기다. 나의 경험상 수익률은 공부와 경험의 시간에 비례했다. 특히, 내가 직접 주식시장을 통해 배운 지식과 경험만이 나의 수익률을 높여줬다. 우리는 주식시장에서 계속해서 살아남기 위해서 합당한 노력을 해야 한다. 그렇지 않으면 머지않아 모든 재산을 잃고 멍하니 HTS 화면만 바라보는 자신을 마주하게 될 것이다.

2. 경험을 쌓아라

주식은 마치 언어와 같다. 언어의 가장 큰 특징은 수학처럼 정해진 답이 없다는 것이다. 토익 점수를 만점 받았다고 해서 반드시 영어회화까지 잘하라는 법은 없다. 토익점수와 영어회화는 별개다. 영어회화를 잘하기 위해서는 많이 듣고 말하면서 응용력을 높이는 방법밖에 없다. 일 년 동안 독서실에서 책을 보며 공부하는 것보다 한 달이라도 해외에 나가 외국인과 직접 대화하는 것이 좋다.

주식투자도 이와 비슷하다. 자신이 알고 있는 지식의 크기와 수익률은 별개다. 책이나 글로 배운 지식은 돌발변수가 발생했을 때 한계에 봉착한다. 책은 실수를 줄이기 위한 지침이 될 뿐이지 수익률을 높여주는 수단이 될 수 없다.

그 이유는 우리가 문법을 많이 안다고 해서 영어 회화를 잘하는 것이 아닌 것처럼 주식에 대해 많이 알고 있다고 해서 그것을 모든 매매에 응용할 수 없기 때문이다. 영어 회화를 잘하려면 일단 많은 단어와 영문법은 기본으로 알아야 하며 거기에 많은 경험을 통해 좋은 문장을 만들어 낼 수 있는 응용력이 필요하다.

주식투자에 성공하기 위해서는 폭넓은 지식을 바탕으로 다양한 주식시장 경험을 쌓는 것이 필수다. 특히 수익률은 쌓은 지식을 얼마나 효과적으로 주식시장에 적용할 수 있는지, 즉 응용력에 따라 달라진다. 응용력을 기르기 위해서는 직접 매매하고 투자해 보는 방법밖에 없다.

우리는 대화를 통해 상대방의 생각과 지식을 공유한다. 이러한 과정을 의사소통이라 한다. 주식시장은 언제나 여러 가지 신호와 다양한 모습으로 투자자와 소통한다. 이러한 의사소통은 단 하루나 몇 시간 만에 이해할 수 있는 수준이 아니다. 적어도 몇 달 동안 꾸준한 관심을 갖고 주식시장과 끊임없이 의사소통했을 때 주식시장이 말하고자 하는 바가 조금씩 들리기 시작한다.

주식시장에는 하루에도 수많은 거짓 정보와 착시현상이 빈번하게 발생한다. 이러한 상황 속에서 몇 가지 현상이나 사건만 놓고 주식시장을 판단하는 것은 오만이다. 더군다나 기본적인 지식도 없는 투자자가 단 몇 줄의 보고서와 기사만 보고 투자를 시작한다는 것은 도박에 가깝다.

그렇다면 주식시장과 원활한 의사소통은 어떻게 이뤄질까? 주식을 처음 시작한 사람이나 20년 이상 투자한 사람이나 주식시장을 이해하기 위해서는 주식시장에 대한 지속적인 관심이 필요하다. 이러한 관심은 경제에 대한 관심으로부터 출발한다. 매일 신문이나 뉴스를 통해 현재 주식시장이 커다란 경기 사이클 중 어느 곳에 위치해 있는지 생각해 봐야 한다. 주식시장은 일종의 흐름이다. 누구도 커다란 흐름을 역행할 수 없다.

주식시장은 얼핏 보면 불규칙하게 움직이는 것처럼 보인다. 하지만 긴 시간을 놓고 보면 버블과 패닉이라는 커다란 흐름 속에서 과거와 유사한 흐름이 계속해서 반복되는 곳이다. 크게는 커다란 경제 흐름부터 작게는 개별 종목의 움직임까지 주식시장에서는 계속해서 비슷한 흐름이 되풀이된다. 그렇기 때문에 계속해서 관심을 갖고 공부하는 것이야말로 주식시장을 이기는 가장 확실한 방법이다.

2장
주식이란

1. 주식회사의 기원

   주식회사의 기원은 17세기 네덜란드에서 설립된 동인도 회사로 거슬러 올라간다. 당시 유럽 주요 국가들은 인도, 동남아시아, 중국과의 교역을 통해 큰 이익을 얻고 있었다. 포르투갈과 스페인 등 강대국은 왕실이나 귀족으로부터 자금을 조달해 무역 활동을 벌였다. 그러나 네덜란드는 국가 재정이 넉넉하지 않아 새로운 방식이 필요했다. 이에 네덜란드에서는 일반 국민들로부터 자금을 모아 투자하는 구조를 고안했고, 이는 오늘날 주식회사의 기원이라 할 수 있는 동인도 회사의 설립으로 이어졌다.

   그러나 네덜란드 정부는 국민들로부터 투자를 모집하는 과정에서부터 난관에 직면했다. 그것은 바로 수익 배분의 문제였다. 당시에는 오늘날처럼 전자금융 시스템이 존재하지 않았기 때문에 발생한 수익을 투자자에게 어떻게 분배할지 큰 어려움에 직면한 것이다.

투자자가 소수일 때는 투자비율만큼 계산해 직접 배분해주면 되었지만, 투자자가 수천수만 명으로 많아지자 이 같은 수익 분배 방식은 사실상 불가능해졌다.

이에 따라 네덜란드 정부는 새로운 방식의 해결책을 마련했다. 투자자들에게서 모은 자금을 하나의 자본으로 묶고, 각 투자자에게는 투자금의 소유 비율을 나타내는 일종의 '증서'를 발행한 것이다. 이후 이 증서를 기준으로 수익을 나눠주기 시작했다. 이 증서가 바로 인류 최초의 주식이다.

과거에는 투자자들이 회사의 실물 자산을 직접 소유하는 방식이 일반적이었으나, 주식회사 제도가 도입된 이후 투자자들은 주식을 통해 회사를 간접적으로 소유하게 되었다. 네덜란드의 동인도 회사는 주식을 약속증권의 형태로 발행했고, 주식을 소지한 사람은 누구나 일정한 수익(배당)을 받을 수 있었다.

한편, 동인도 회사가 큰 성공을 거두자, 더 높은 가격을 주고 동인도 회사 주식을 매수하기를 원하는 사람이 생겨났다. 반면 다른 한쪽에서는 기존에 보유하고 있던 주식을 처분하길 원하는 사람도 생겨났다. 이렇게 사고자 하는 사람과 팔고자 하는 사람이 많아지면서 정부는 이들의 거래를 원활하게 연결해줄 필요성이 생겨났다. 그 결과 세계 최초의 증권거래소인 암스테르담 증권거래소가 설립되었다.

암스테르담의 증권거래소 〈출처: 위키피디아〉

동인도 회사와 같은 주식회사의 탄생은 투자자들의 위험을 효과적으로 분산시켰다. 동인도 회사의 탄생 전 무역사업이 배를 가진 선주의 개인사업이었다면, 동인도 회사 탄생 후 무역사업은 주식을 보유한 수천 명의 공동 사업이 된 것이었다.

당시 무역은 주로 아시아 향신료를 거래 대상으로 했는데 이 같은 향신료 무역은 항해 기술이 미흡했던 시절이라 엄청난 위험을 동반하는 일이었다. 향신료 무역에서 얻는 수익은 상당했지만, 그만큼 위험도 컸다. 무역선은 종종 폭풍으로 침몰하거나 해적에게 습격당해 실종되었다.

이에 따라 선주들은 자신의 배가 무사히 돌아오길 바라는 수밖에 없었다. 만약 배가 돌아오지 못하면 선주는 완전히 파산하고 말았다.

동인도 회사는 이러한 구조적 위험을 획기적으로 줄였다. 동인도 회사는 투자자들로부터 자금을 모아 많은 배를 운영했다. 동인도 회사의 10척의 배 중 설사 3척이 침몰하더라도, 나머지 7척이 돌아와 이익을 낸다면 결과적으로 성공적인 무역이 되었다.

즉 무역업에서 발생할 수 있는 파산이라는 커다란 위험을 동인도회사 주주들이 함께 분산해 감당한 것이다. 예전에는 자신이 투자한 배가 사라지면 전 재산을 잃고 파산하는 구조였지만, 동인도 회사가 고안한 주식회사 구조는 위험을 공동 분산함으로써 파산의 가능성을 크게 줄여주었다. 당연히 선주들은 파산의 위험을 피하고자 자신의 배를 팔고 동인도 회사 주식을 매수하기 시작했다.

또한, 동인도 회사는 투자자들에게 정기적인 배당 지급을 약속하며, 일회성 무역이 아닌 장기적으로 운영되는 기업의 형태를 갖추었다. 개인의 무역사업은 보통 거래가 끝나면 해산되는 구조였던 반면, 동인도 회사는 이익이 나는 한 사업을 지속하며 투자자에게 꾸준한 수익 배분을 약속했다.

이 같은 방식은 당시로서는 매우 획기적인 발상이었으며, 이로 인해 더 많은 투자자가 안정성과 수익성을 보고 자금을 투자하게 되었다. 그 결과, 동인도 회사는 막대한 자본을 축적한 초대형 조직으로 성장했고, 이는 과거 소규모 자본으로 불가능했던 대규모 사업을 가능케 하는 기반이 되었다. 이처럼 주식회사의 등장은 기업 활동의 규모와 성격을 근본적으로 변화시키는 결정적인 계기가 되었다.

2. 주식회사의 구조

1) 유한책임

상법에서 주식회사는 '주주가 인수한 주식 금액을 한도로 하여 책임을 지는 유한책임의 회사'로 정의된다. 이는 곧, 회사를 소유하는 사람(주주)과 회사를 실제로 운영하는 사람(경영자)이 분리되어 있는 형태의 조직을 의미한다. 주주는 자신이 보유한 주식 수에 따라 회사의 소유 지분을 가지며, 설사 회사가 파산하더라도 납입한 자본 이상의 손해는 책임지지 않는다.

즉, 회사에 막대한 부채가 있어도 주주는 그 빚을 갚을 의무가 없고, 단지 투자한 금액 한도 내에서만 손실을 감수하면 된다. 이와 같이 주식회사는 '소유와 경영의 분리', 그리고 '유한책임'이라는 두 가지 주요 특징을 갖고 있다.

유한책임의 개념을 보다 쉽게 이해하려면 무한책임과 비교해보는 것이 좋다.

평소 사업에 관심이 많던 김 사장은 자신이 가진 돈 1억에 은행 대출 5억 원을 받아 편의점 사업을 시작했다. 하지만 장사가 생각처럼 잘되지 않아 결국 편의점은 문을 닫게 되었고, 은행은 대출금 상환을 요구했다. 돈이 부족한 김 사장은 대출금 중 일부만 갚을 수 있었고, 나머지 금액은 마련하지 못했다. 이에 은행은 편의점의 집기류와 보증금을 압류했을 뿐만 아니라, 김 사장 명의로 된 주택 등 개인 재산까지 압류했다.

반면, 이 사장은 지인들과 함께 자본을 모아 편의점 사업을 시작했다. 이사장은 ㈜편의점이라는 법인을 설립하고, 회사 명의로

5억 원을 대출받아 사업을 시작했다. 하지만 이 사장 역시 장사가 되지 않아 편의점을 닫을 수밖에 없었다. 은행은 ㈜편의점에 대출금 상환을 요구했다. 그러나 돈이 부족한 ㈜편의점은 대출금을 모두 갚지 못했다. 은행은 ㈜편의점 소유의 자산인 식기류와 보증금을 압류했지만, 이 사장의 개인 재산에는 손을 댈 수 없었다.

김 사장과 이사장의 사례를 비교해보면 책임 범위의 차이가 분명히 드러난다. 첫 번째 사례에서는 은행이 직접 김 사장 개인에게 돈을 빌려주었고, 사업 실패 시 김 사장은 자신의 모든 재산을 동원해 채무를 변제해야 했다. 이는 사업의 실패가 개인의 재정에까지 직접적인 영향을 미치는 '무한책임'의 사례다.

반면 두 번째 사례에서는 은행이 돈을 빌려준 주체가 이 사장이 아닌 법인 ㈜편의점 이다. 회사가 망하더라도 이 사장 개인의 재산은 채무 변제에 사용되지 않는다. 이것이 바로 '유한책임'이다. 유한책임에서는 책임의 범위가 회사로 한정되며, 주주는 자신이 투자한 금액을 초과하여 책임지지 않는다.

무한책임의 대표적인 형태는 합명회사다. 이 경우 회사가 부도가 나면 구성원들은 회사의 채무 전체에 대해 무한히, 그리고 연대하여 책임을 져야 한다.

반대로 주식회사와 같은 유한책임 회사에서는 회사가 파산하더라도 주주는 단지 투자한 금액만 잃을 뿐이다. 남은 부채에 대해 별도로 변제할 의무는 없다. 따라서 유한책임 제도는 투자자의 위험을 제한하고 자본 조달을 용이하게 만든다.

여기서 주식투자의 첫 번째 중요한 특징이 나타난다. 주식회사의 유한책임이라는 개념은 결과적으로 기업공개를 가능하게 만들었다. 투자자들은 자신의 투자원금에 대해서만 책임을 지면 되기 때문에 부담 없이 회사에 투자할 수 있게 된 것이다.

2) 소유와 경영의 분리

주식회사의 또 다른 중요한 특징은 바로 '소유와 경영의 분리'다. 이는 투자자들이 자본을 제공하고, 실제로는 경영 전문가가 회사를 운영하는 구조를 말한다. 다시 말해, 돈을 낸 사람(주주)은 회사의 주인이지만, 실제 사업은 전문경영인이 맡아 한다는 뜻이다.

우리나라에서는 아직 '대주주 = CEO'라는 인식이 강하지만, 기업의 역사가 깊은 미국 같은 나라에서는 대주주와 회사를 운영하는 CEO가 다른 경우도 많다.

과거 이건희 회장이 삼성전자의 CEO로 재직했을 당시를 떠올려 보자. 많은 사람들이 삼성전자를 이건희 회장의 소유로 여기곤 하지만, 실제로 삼성전자는 특정 개인의 소유가 아닌, 주식을 보유한 여러 주주들의 공동 소유다.

이건희 회장 역시 엄밀히 말하면 삼성전자에 고용된 전문경영인이다. 물론 그는 삼성전자의 최대 주주였기 때문에 실질적인 오너이자 CEO의 역할을 동시에 수행했지만, 회사의 진짜 주인이 주식을 가진 주주들이라는 점은 변함없다.

3장
주식투자란

1. 주식투자란 무엇일까?

주식을 산다는 것은 곧 회사를 사는 것과 같다. 주식을 매수한다는 것은 회사 일부를 소유하게 되었다는 뜻이다. 다시 말해, 비록 소액 투자라 할지라도 주식을 사는 순간부터 투자자는 해당 회사의 공동 소유자가 되는 것이다. 비록 단순히 주가 상승에 따른 차익을 노리고 주식을 샀다 해도, 본질적으로는 주식투자는 회사를 사고파는 행위인 것이다.

일반적으로 소액 투자자들은 회사의 주요 의사결정에 관여할 수 없기 때문에, 주식을 샀다고 해서 실제로 회사를 소유하고 있다는 사실을 실감하지 못하는 경우가 많다. 그러나 분명히 말하자면, 주식을 산다는 것은 곧 회사의 일부를 사는 것이며, 이는 자신도 그 회사의 공동 주인이 되었다는 의미다.

오직 시세차익을 위해 주식을 매매하다 보면 주식이 경마장의 마권과 비슷하다는 느낌을 받을 때가 있다. 이 때문에 시세차익을 목표로 매매하다 보면 부도 직전의 말도 안 되는 기업을 매수하는 경우가 종종 있다. '주식=회사'라는 개념을 생각했다면 일어날 수 없는 일이다.

투자에 성공하기 위해서는 반드시 '주식=회사'라는 개념을 갖고 있어야 한다. 주식투자는 경마장 마권 사듯 하는 것이 아니라 항상 자신이 매수하고자 하는 주식의 본질(회사)이 무엇인지를 고민하고 매수해야 한다. 이것은 매우 중요한 개념이다. 이것은 단순히 가치투자자들이 주장하는 '기업가치'를 보고 투자하는 개념과 다르다.

물론 나는 전형적인 가치투자자는 아니다. 나는 시세차익을 노리고 주식을 사고팔기도 하고, 때로는 기업의 내재가치를 평가해 투자하기도 한다. 이 두 접근 방식은 서로 다르지만, 투자 판단의 핵심에는 동일한 원칙이 자리 잡고 있다. 그것은 바로 '주식=회사'라는 인식이다.

가치투자의 경우, 기업의 내재적 가치를 기반으로 투자하는 방식이기때문에 '주식=회사'라는 기본 개념이 깔려 있다. 그러나 시세차익을 목표로 한 매매에서도 이 개념은 반드시 인식하고 있어야

야 한다. 그래야만 예기치 못한 큰 손실을 피할 수 있다.

예를 들어, 자본잠식률이 한계치에 도달해 상장폐지 위험이 있는 종목들은 아무리 시세차익이 목적이라 하더라도 리스크가 지나치게 크기 때문에 피하는 것이 현명하다.

과거 나는 텔슨전자라는 종목에서 뼈아픈 경험을 한 적이 있다. 당시 차트를 유심히 살펴보던 중 주가가 바닥을 찍었다는 확신이 들어, 미수까지 활용해 최대한의 물량을 매수했다. 내 판단은 정확했고, 주가는 서서히 상승세로 전환되기 시작했다.

하지만 그날 오후, 분위기를 뒤흔드는 공시가 하나 올라왔다. 텔슨전자가 화의절차에 들어간다는 내용이었다. 그때만 해도 나는 차트만 보고 투자하던 시기였고, '화의'가 무엇인지조차 제대로 알지 못했다. 결국 텔슨전자는 거래정지에 들어갔고, 얼마 지나지 않아 상장폐지 수순을 밟게 되었다.

내가 매수한 시점은 단순히 시세차익 관점에서 본다면 최적의 타이밍이었다. 하지만 기업의 재무나 상황을 전혀 고려하지 않은 채 매매한 결과, 결국 상장폐지라는 쓰라린 결과를 마주해야 했다. '주식은 곧 회사'라는 기본을 무시한 대가는 너무도 컸다.

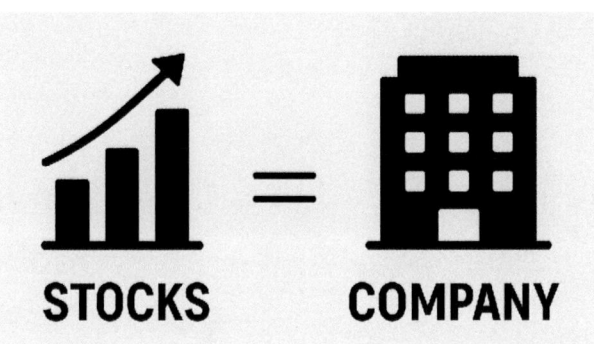

이처럼 단순히 시세차익을 위한 매매라 할지라도 투자자가 넘지 말아야 할 선이 있다. 이러한 종목들은 투자자가 감수해야 할 위험 대비 수익률이 터무니없이 낮다. 나 역시 몇 %의 시세차익을 노리다 투자원금 전체를 날리는 쓴맛을 봐야 했다.

결국 주식의 본질은 회사다. 투자자는 '주식=회사'라는 것을 잊지 말아야 한다. 이러한 개념이 없으면 자신의 의사결정에 대해 확신을 가질 수 없다. 자신이 거래를 하건 투자를 하건 중요한 점은 언제나 내가 사는 주식은 곧 회사 일부를 매수한다는 점이다.

2. 기술적 vs 기본적 분석

　주식에서 가장 뜨거운 논쟁 중 하나는 기본적 분석을 바탕으로 한 가치투자를 할 것인지, 아니면 기술적 분석에 기반한 차트투자를 할 것인지다. 하지만 이 같은 논쟁은 전혀 가치가 없다.

　이는 밥을 숟가락으로 먹을 것인가 젓가락으로 먹을 것인가? 차이에 불과하다. 밥을 숟가락으로 떠먹어야 하는 법도 없으며 젓가락으로 먹지 말라는 법도 없다. 결론은 밥만 잘 먹으면 된다. 숟가락이 편하면 숟가락으로 밥을 먹고 젓가락이 편하면 젓가락으로 밥을 먹으면 된다. 이것은 개인의 취향일 뿐 논쟁할 가치가 있는 문제가 아니다.

　이 같은 논쟁에 대해 내린 결론은 '밥은 숟가락과 젓가락을 모두 사용해야 가장 편하다'라는 것이다. 밥을 먹을 때 우리는 보통 밥, 국, 반찬 등을 함께 먹는다. 국을 먹을 때는 숟가락을 사용하는 것이 편하고, 반찬을 먹을 때는 젓가락이 편하다. 이것은 누구나 공감하는 사실이다. 투자 역시 마찬가지다. 상황에 따라 기술적 분석이 더욱 중요한 경우가 있고, 반대로 기본적 분석이 더욱 중요한 경우도 있다.

　앞서 말한 '기술적 분석이냐 기본적 분석이냐'를 논하는 사람들은 아마 두 가지 모두 다 공부하기가 어렵기 때문에 저런 논쟁을 계속하지 않는가 싶다. 과거 주식 스터디를 진행하면서 느꼈던 점이 있는데 대다수의 사람들은 투자를 통한 수익을 원하나 결코 이 뜻이 투자를 위해 공부하겠다는 것은 아니라는 점이다. 대부분의 사람들은 노력 없는 대가를 원한다. 이 때문에 주식시장에서 유행하는 비법이나 급등주를 찾아 헤맨다. 하지만 지금까지 나는 이러한 비법을 찾지 못했고 앞으로도 이런 비법은 없을 거라고 생각한다.

대부분의 개미투자자들이 기본적 분석보다는 기술적 분석에 집착하는 이유도 아마 공부하기 싫어서가 아닐까라고 생각해본다. 일단 기본적 분석을 위해서는 회계를 알아야 한다. 하지만 회계는 초보자가 책 몇 권 읽었다 해서 금방 이해할 수 있는 쉬운 학문이 아니다. 나 역시 이 부분 때문에 대학 전공을 컴퓨터공학에서 회계학으로 바꿔야 했다. 또한, 회계학을 전공했음에도 불구하고 아직까지도 복잡한 재무제표는 이해하기 힘들다. 아마도 이러한 이유 때문에 개인투자자들에게 기본적 분석보다 기술적 분석이 더욱 인기가 많지 않을까 조심스럽게 생각해 본다.

주식시장에서 유행하는 "가격은 모든 것을 반영한다"와 같은 명언은 기본적 분석을 싫어하는 개인 투자자들의 심리를 정당화시키는데 한몫하고 있다. 하지만 조금만 주위를 둘러보면 이 같은 생각이 얼마나 위험한지 알 수 있다. 주식시장에서 오랫동안 살아남은 투자의 대가들(워런 비핏, 피터 린치 등)은 대부분은 기본적 분석의 달인들이다.

제시리버모어, 터틀트레이딩의 리처드 데니스 등 유명한 기술적 분석의 대가들도 있으나 이들의 끝을 생각해 보면 기술적 분석에만 집착하는 것이 왜 위험한지 금방 알 수 있다. 기술적 분석의 대가로 불리는 제시리버모어는 결국 말년에 파산해 권총으로 자살했다.

내가 말하고자 하는 바는 기본적 분석이 기술적 분석보다 훌륭하다는 것이 아니다. 어떤 투자 방법이 더욱 우세하다는 것이 아니라 성공적인 투자를 위해서는 두 가지 모두 공부해야 한다는 점이다. 쓸데없이 "기본적 분석이 답이다" "기술적 분석이 답이다"를 논쟁하는 시간에 기술적 분석에 빠져 있는 사람은 기본적 분석 관련 책을 기본적 분석에 빠져 있는 사람은 기술적 분석에 관한 책을 읽어 보는 것이 더욱 현명하다.

기술적 분석이 되었건 기본적 분석이 되었건 모든 투자자는 일단 주식시장에 들어온 이상 많은 것을 공부해야 한다. 나 역시 지난 13년 동안 주식정보 회사에, 입사에, 매일같이 주식시장을 바라보고 나서야 주식시장의 흐름이 어느 정도 보이기 시작했다.

3. 기술적, 기본적 분석의 차이

투자에 앞서 먼저 기술적 분석과 기본적 분석의 차이를 명확하게 알 필요가 있다. 기본적 분석이란 기업의 내재가치와 현재가치(시가총액)를 비교해 투자하는 방법이고 기술적 분석이란 가격과 관련된 지표(차트)를 통해 주가의 상승과 하락을 예측하는 기법이다.

다시 기본적 분석에서 말하는 기업의 내재가치란 기업의 재무적 요인과 경제적 요인 등을 고려한 가치를 뜻한다. 기업의 내재가치보다 시가 총액이 낮은 경우 주식을 저평가 상태로 보고 매수하고 반대로 내재가치보다 시가 총액이 높은 경우 고평가 상태로 보고 주식을 매도한다.

반면, 기술적 분석은 과거 주식시장에서 발생한 유사한 사례를 이론화시켜 이를 토대로 주가의 미래를 전망하는 방법이다. 기술적 분석의 핵심은 가격 그 자체다. 주가의 상승과 하락의 근본적 원인보다는 가격의 움직임에 대해서 관심을 두고 미래 흐름을 예측하는 것이다.

4. 기술적 분석의 진정한 의미

과거에 나는 차트와 지표만 보고 주가를 예측하던 시절이 있었다. 하지만 단순히 차트와 보조지표만 보고 주가의 상승과 하락을 구분하는 것은 결국 예측에 지나지 않았다. 앞서 말한 바와 같이 기술적 분석은 과거에 발생했던 차트의 모양과 현상을 토대로 가능성이 높은 현상을 이론화시킨 것이다. 때문에 주가 상승에 대한 본질적인 이유가 될 수 없다.

여기서 내가 말하고자 하는 바는 기술적 분석이 엉터리라는 것이 아니다. 기술적 분석은 주식투자에 있어서 절대로 없어서는 안 될 매우 중요한 정보 중 하나다. 나 역시 기술적 분석 투자자라면 기술적 분석 투자자다. 하지만 기술적 분석의 한계점과 그리고 효용성은 똑바로 이해할 필요가 있다.

기술적 분석은 투자라는 불확실한 상황을 확실한 상황으로 제한해 주는 일종의 신호라고 볼 수 있다. 과거 인류는 시계라는 도구가 생겨남으로써 시간관념이 생겨났다. 시계가 없던 시절에는 해가 지면 밤이고 해가 뜨면 낮이었다. 특별히 오전 오후로 구분하기보다는 '어둡고 밝고'에 따라서 밤낮을 구분했다.

하지만 시계의 탄생은 이 같은 시간 경계의 모호함을 없애 줬다. 시계의 탄생으로 생겨난 시간관념은 일상생활에 엄청난 변화를 가져왔다. 우리는 약속을 정할 때 "저녁 7시 시청역 앞에서 만나"라고 약속한다. 하지만 만약 시계가 없다면 약속을 정하기가 매우 애매해진다. 시계가 없다면 "해가 지고 난 뒤 시청역에서 만나"라고 약속할 것이며, 이 같은 모호함 때문에 정확한 시간에 만나기가 매우 어려울 것이다.

이처럼 시계라는 도구가 탄생함으로써 우리에게 시간관념이 생

겨났다. 1년은 365일, 하루는 24시간, 그리고 1시간은 60분으로 시계라는 도구를 통해 시간의 불확실성을 확실한 상황으로 바꾼 것이다. 기술적 분석은 주식시장이라는 불확실한 상황을 확실한 상황으로 바꿔주는 일종의 시계라 말할 수 있다.

주식시장에는 수많은 변수가 존재한다. 환율, 금리, 세계 경제, 전쟁, 기업 실적 등 수없이 많은 불확실한 상황이 존재한다. 어떤 투자자도 이 모든 상황을 고려해 투자 판단을 내릴 수 없다.

이처럼 수많은 변수를 모두 다 고려할 수 없기 때문에 투자자들에게는 보다 쉽고 명확한 기준이 필요하다. 예를 들어 주식 매수 원칙으로 '회사 실적이 좋아질 때'로 정했다고 가정해 보자. 우리는 내부자가 아닌 이상 회사 실적에 대한 정확한 정보를 얻기 어렵다. 때문에 이 같은 기준은 정확한 매수 시점을 잡기 어렵다. 보통 회사 주가는 실적을 선반영하는 경향이 높기 때문에 실적이 발표된 뒤에 매수하면 뒷북만 치는 꼴이 될 수 있다. 따라서 이처럼 애매모호한 매수 기준은 매매를 어렵게 만든다.

하지만 '전 고점을 돌파하면 매수한다' 또는 '특정가격대를 돌파하면 매수한다'와 같은 원칙은 매매에 대한 명확한 기준을 세워준다. 즉, 가격이라는 기준을 정함으로써 매매를 보다 쉽게 만들어 주는 것이다. '회사 실적이 좋아질 때'와 같이 애매한 기준이 아니라 '전 고점을 돌파하면 매수한다'와 같이 눈에 보이는 명확한 기준이 있기 때문에 투자자는 전 고점을 돌파할 때 매수하면 되는 것이다.

이 같은 명확성으로 인해 기술적 분석은 매도 측면에서 보다 높은 효율성을 보여준다. 주식은 매수보다 매도가 훨씬 어렵다. 대부분의 주가는 상승보다 하락이 더욱 빠르게 진행된다. 상승하는 데 수개월의 시간이 필요했다면 제자리로 돌아오는 데는 몇 주밖에 걸리지 않는 경우도 많다.

때문에 상승하던 주가가 하락 전환하는 순간 매도 시점을 놓치면 그동안 쌓은 수익률을 순식간에 반납하게 된다. 이럴 때는 하락에 대한 이유와 원인을 찾기보다는 먼저 주식을 매도해 위험을 피해야 한다. 이러한 측면에서 기술적 분석은 기본적 분석보다 높은 효용을 발휘한다.

결국 기술적 분석의 핵심은 매매에 대한 명확한 기준을 만들어준다는 점이다. "기업 실적이 하락하면 매도한다."가 아니라 "고점에서 대량의 거래량과 피뢰침 차트를 동반하면 매도한다."와 같이 눈에 보이는 기준을 세우면 매매는 훨씬 더 쉬워진다. 설사 이러한 기준이 모든 상황에 맞는 것이 아니다 할지라도 우유부단하게 주식시장을 바라보다 매도 시점을 놓쳐 발생하는 손실보다는 일단 매도를 통해 수익을 확정하는 편이 훨씬 더 이익이라 할 수 있다.

결과적으로 기술적 분석이란 매수와 매도에 대한 근거가 아닌 일종의 신호인 셈이다. 'A라는 상황이 발생하면 일단 나는 매수한다' 또는 'B라는 상황이 발생하면 일단 나는 매도한다'처럼 불확실한 주식시장에서 눈에 보이는 명확한 기준을 세움으로써 매수, 매도에 대한 신호로 활용할 수 있는 것이다.

앞서 말했듯 기술적 분석이란 과거 데이터를 바탕으로 확률이 높은 상황을 신호로 만든 것이다. 이 때문에 모든 상황에 맞는 기술적 분석이란 존재하지 않는다. 결국 투자자 스스로가 경험과 분석을 통해서 자신에게 가장 적합한 신호를 찾아내는 것이 중요하다.

이동평균선을 통한 매매가 자신에게 잘 맞으면 이동평균선을 토대로 신호를 만들어 나가면 되고, 거래량이나 지표분석을 통한 매매가 쉽다고 느껴지는 사람은 거래량이나 지표를 토대로 매도·매수 신호를 만들면 된다. 결국 자기 자신에게 적합한 매매 방법을 찾는 것이 중요하다.

5. 기본적 분석의 의미

기본적 분석의 핵심은 기업의 내재가치를 분석하는 것이다. 기업의 내재가치란 기업이 가진 자산, 부채 등 재무적 요건 외에도 기업 경쟁력, 주력 제품의 인지도, 보유 브랜드와 같은 비재무적 요건도 포함된다.

기업의 재무적 요건인 자산 부채 등을 분석하는 것을 양적 분석이라 하는데 양적 분석에는 재무제표와 사업보고서 등을 활용한다. 재무제표와 사업보고서는 기업의 과거 사실을 나타내기 때문에 정보의 한계성이 있으나, 그럼에도 불구하고 기업의 현재가치를 평가하는 데 중요한 역할을 한다.

보통 기업의 비재무적 요건 평가를 질적 분석이라 하는데 사업모델, CEO 및 임원진의 능력, 산업의 현재 상태와 전망, 산업 내 기업의 위치, 주주정책 등으로 볼 수 있다. 질적 분석의 경우 기업의 미래 가치를 평가할 때 중요한 역할을 한다.

대다수의 투자자들은 기본적 분석을 기업의 재무제표와 영업보고서만을 분석하는 걸로 오해하는 경우가 많다. 하지만 이 같은 양적 분석만 고려할 경우 현재 주가 수준에 대해 잘못 평가하는 오류를 범할 수 있다. 예를 들어 페이스북(Meta Platforms)의 경우 기업의 양적 분석만 놓고 보면 매우 고평가된 상태라고 볼 수 있다. 하지만 페이스북(Meta Platforms)이 갖고 있는 영업력, 브랜드 가치, 미래 성장성 등과 같은 비재무적 요건을 고려해 본다면 페이스북(Meta Platforms)의 주가가 적정하다고 생각할 수도 있다. 주식시장에서는 페이스북(Meta Platforms)에 대해 재무적 요건보다는 비재무적 요건에 더욱 높은 가치를 부여하고 있는 것이다. 이 때문에 페이스북(Meta Platforms)의 경우 현재가치 대비 주가 수준이 높음에도 불구하고 계속해서 높은 주가 수준을 유지할 수 있는 것이다.

결국 기본적 분석이란 양적 분석과 질적 분석을 통해 기업의 적정 내재가치를 산출하는 과정이다. 기업의 적정 내재가치를 산출했다면 현재 기업의 시가총액과 비교해 주가의 고평가, 저평가 수준을 판별하면 된다. 기업의 내재가치가 기업의 시가총액보다 높다면 현재 주가 수준은 저평가된 것으로 보고 매수하면 된다. 반대로 내재가치가 기업의 시가총액보다 낮다면 현재 주가 수준을 고평가로 보고 주식을 매도하면 된다.

6. 기술적, 기본적 분석의 중요성

나의 경험에 따르면 기본적 분석과 기술적 분석의 중요성은 50:50이다. 어느 한쪽에 치우치는 순간 투자 실패로 이어졌다. 나는 투자할 종목을 선택할 때에는 기본적 분석을 활용했으며, 매수 매도 시점을 정할 때에는 기술적 분석을 활용했다.

기술적 분석에만 집착하다 보면 주식시장을 객관적으로 보는 눈을 잊어버린다. 전반적 경제 상황과 기업의 사업 내용이 바닥을 찍고 좋아지고 있음에도 불구하고 기술적 분석이 불리하다는 이유로 주가 하락을 전망하는 오류를 범할 수 있다.

증시 격언 중에 '모든 정보는 가격에 반영된다'라는 말이 있다. 나는 이 말에 동의하지만 일부분은 동의하지 않는다. 가격은 사람과 사람이 만들어 내는 정보다. 그렇다 보니 가격에는 인간의 감정이 반영된다. 인간의 감정은 가격의 왜곡을 만들어 낸다. 실제로 급등과 급락의 막바지 순간에서는 기업의 가치보다 주가가 크게 고평가되거나 극도로 저평가되는 경우가 허다하다. 이렇다 보니 가격이 만들어 내는 기술적 분석은 잘못된 정보를 나타내는 경우가 많다.

증권 방송을 보다 보면 전문가들 역시 이러한 오류를 범하는 경우를 자주 볼 수 있다. 과거 한 증권방송에서 36개월 이동평균선을 언급하며 주식시장의 하락과 상승을 예측하던 전문가가 있었다. 이 사람은 36개월 이동평균선을 근거로 조만간 강세장이 펼쳐질 거라고 전망했다. 그러나 그 전문가는 똑같은 이야기만 반년간 지속하다 결국 방송에서 자취를 감췄다.

그렇다면 기본적 분석만이 정답일까? 그렇다고 해서 기본적 분석에만 집착하면 큰 낭패를 볼 수 있다. 기본적 분석을 통해 주가 상승에 대한 확신이 있다 할지라도 절대로 가격을 무시해서는 안 된다. 이유는 바로 정보력의 차이 때문이다.

개인 투자자들은 내부자가 아닌 이상 실제로 회사에서 발생하는 모든 일을 알 수 없다. 주식시장에는 항상 돌발변수가 존재한다. 기본적 분석만으로는 이러한 돌발변수에 대처할 수 없다.

과거 기본적 분석에 빠져 있던 시절 나는 한 회사에 대해 확신을 갖고 투자한 적이 있었다. 그런데 어느 날부터 갑자기 주가가 이상하리만치 대량의 거래량과 함께 급락하기 시작했다. 하지만 종목에 대한 확신이 있었기 때문에 참고 견뎠다.

이후 나는 주가가 하락할 때마다 저평가 메리트를 생각하며 주식을 추가로 매수해 나갔다. 그러나 주가는 계속해서 하락했고, 결국 최초 생각했던 적정가격 이하까지 떨어졌다. 찝찝한 마음이 들었으나 손실을 줄이고자 울며 겨자 먹기로 추가로 자금을 투입해 물타기에 나섰다. 며칠이 지나도 주가는 계속해서 하락만 할 뿐 반등할 여지를 보이지 않았다.

그러다 어느 날 갑자기 대표이사가 횡령설과 함께 검찰에 고발되었다는 뉴스가 대문짝만하게 올라왔다. 그 후 조회공시 요구에 들어갔고 결국 이는 사실로 밝혀졌다. 주가는 뉴스가 터진 날부터 추가로 급락하기 시작하더니 결국 관리종목으로 지정된 후 거래 정지까지 가고 말았다. 나중에 밝혀진 이야기지만 이 기업은 일명 무자본 M&A 종목으로 대표이사가 사채업자와 짜고 회삿돈을 횡령한 것이었다. 도저히 내부자라도 알기 어려운 정보였다. 결국 나는 투자금의 대부분을 잃고 말았다.

그렇다면 과연 나의 분석이 잘못된 것이었을까? 그렇지 않았다. 이 회사는 거래정지 후에도 언론에서 아까운 기업이라고 평가하며 기업가치에 대해 기사가 보도되곤 했다. 나는 재무제표만 믿고 투자했지만, 결국 돌발변수로 인해 투자금 전부를 잃고 말았던 것이다.

이처럼 기본적 분석에만 집착하다 보면 돌발변수가 발생한 경우 적절히 대응할 수 없게 된다. 설사 다행히 돌발변수가 잘 해결됐다 할지라도 주가가 제자리를 찾을 때까지 투자자는 마음고생으로 밤낮을 설치게 될 것이다.

이때 당시 로스컷 기준만 있었더라면 파산이라는 극단적 상황까지는 가지 않았을 것이다. 첫날 대규모 거래량과 함께 주가가 급락한 날부터 대략 1~2주 정도의 매도 기회가 있었다. 하지만 기업에 대한 확신이 너무나도 강했던 나는 매도가 아닌 물타기를 선택했고 결과적으로 투자는 실패하고 말았다.

결국 이러한 부분 때문에 기술적 분석이 필요하다. 앞서 말한 바와 같이 기술적 분석을 통해 가격에 대한 매매 기준을 정함으로써 돌발변수에 대한 상황을 통제할 수 있다.

만일 자신이 회사 내부자 수준의 정보력과 함께 주가를 좌지우

지할 정도의 자금력이 있다면 굳이 기술적 분석의 매매 기준을 세울 필요가 없다. 하지만 이는 대다수의 투자자에게는 적용되지 않는 이야기다. 결국 대다수의 투자자는 기술적 분석을 통해 돌발 변수를 관리해야 한다. 나 역시 이와 같은 이유로 아무리 상승에 대한 확신이 있는 종목이라 할지라도 일단 매수와 매도는 기술적 분석을 통해 진행한다.

결론적으로 나는 투자 종목을 선택할 때 기본적 분석을 근간으로 삼고 매수와 매도 시점은 기술적 분석을 기준으로 한다. 기본적 분석을 통해 성장 가능성과 기업의 부실 여부 정도를 파악해 매수에 적합한 종목을 선택하고, 다시 이러한 종목 중에서 기술적 분석의 매수 조건을 충족하는 종목을 매수한다. 결론적으로 투자에 임할 때는 내가 사는 주식에 대한 기업을 생각해야 하며, 주식을 거래할 때에는 자신만의 기술적 분석 원칙에 따라 매매해야 성공할 수 있다.

PART 2

기술적 분석

기술적 분석의 이해

1. 기술적 분석이란

　기술적 분석이란 과거 주가 흐름을 통해 미래의 주가 흐름을 예측하는 방법이다. 기술적 분석은 과거 주가 흐름을 토대로 만들어진 이론이기 때문에 절대적 법칙이 아닌 상대적 지침으로 볼 수 있다. 즉 상황에 따라서 해석을 달리할 수 있다. 가끔 일부 투자자들이 기술적 분석을 절대적으로 맹신하며 매매한다. 이들은 그러다 몇 번의 오류가 발생하면 기술적 분석을 엉터리라고 비판하며 포기해버리는 경우가 많다.

　이 같은 오류를 범하는 이유는 기술적 분석의 본질을 이해하지 못했기 때문이다. 기술적 분석은 확률 이론에 기초한다. 기술적 분석은 과거 주식시장의 정보를 토대로 많이 발생한 상황을 이론화 시킨 것이다.

가령 '거래량이 많이 발생한 구간은 저항선으로 작용한다' '20일 이동평균선은 강력한 지지와 저항선으로 작용한다'와 같이 주식시장에서 잘 알려진 기술적 분석은 과거 발생 빈도를 토대로 확률이 높은 상황을 이론화시킨 것이다. 따라서 기술적 분석은 확률이 높음을 의미할 뿐, 언제나 맞거나 틀리다는 식의 절대적 기준을 적용할 수는 없다. 기술적 분석에서 가장 중요한 것은 '100% 확실한 분석은 존재하지 않는다'는 사실을 이해하는 것이다.

모든 종목은 각기 다른 특성을 지닌다. 액면가, 발행 주식 수, 산업 분야, 주식시장에서의 인기 등 다양한 요소가 주식마다 다르게 작용한다. 마치 사람마다 성격이 다르듯이, 주식도 동일한 기준으로 설명할 수 없는 고유한 속성을 가진다.

이러한 점을 고려할 때, 모든 종목에 완벽히 적용될 수 있는 기술적 분석은 존재하지 않는다.

기술적 분석은 더 큰 손실을 막기 위한 수단이자 놓쳐버릴 수익을 위한 하나의 신호 정도로 생각해야 한다. 기술적 분석을 맹신하거나 그대로 믿고 따른다면 오히려 주식시장에서 실패할 확률이 높다.

기술적 분석이 중요한 이유는 바로 수익과 손실을 관리해주기 때문이다. 특히, 기술적 분석은 매도 매수 포인트를 설정하는 데 매우 유용하다. 이론 자체가 심플하고 거의 대부분의 기술적 분석이 시각화가 가능하기 때문에 자신이 정한 원칙에 따라 곧바로 실행에 옮길 수 있다.

예를 들어, '최대한 많은 수익을 올린 뒤 매도한다'는 원칙을 세우면 매도 시점이 모호해진다. 하지만 매도 시점을 '피뢰침 형태의 차트와 대량 거래량이 발생 시점'이라고 정해두면 매도 타이밍은 명확해진다. 말 그대로 피뢰침 차트와 대량 거래량이 나타나면 매도하면 되는 것이다.

'최대한 많은 수익을 올린 뒤 매도한다'는 원칙은 애초에 매도 시점이 존재하지 않는 것과 다름없다. 매도 기준이 불분명하면 매매 자체가 어려워진다. 예를 들어, 상승 중이던 종목이 갑자기 하락세로 전환했을 때, 이런 모호한 기준은 투자자로 하여금 언제 매도해야 할지 판단을 흐리게 만든다.

판단의 혼란은 결국 적절한 매도 타이밍을 놓치게 하고, 이에 따라 놓쳐버린 수익은 투자자에게 깊은 미련을 남긴다. 이러한 미련은 다시금 투자 결정을 흐리게 하는 독으로 작용한다.

특히나 자신의 계좌에서 높은 수익률을 경험한 투자자일수록 미련을 떨쳐내기 어렵고, 주가가 하락할수록 이러한 심리는 더욱 강해진다. 반등이 온다면 다행이지만, 그렇지 않을 경우 대부분의 투자자들은 결국 수익의 상당 부분을 반납한 뒤에서야 매도를 결심하게 된다.

그러나 매도 시점을 '피뢰침 형태의 차트와 대량 거래량이 발생 시점'이라고 정해두면 매매는 훨씬 깔끔해진다. 단지 그 시점에 매도 원칙을 지키느냐 마느냐의 문제일 뿐, 더 이상 복잡하게 고민할 필요가 없는 것이다.

옛말에 '사공이 많으면 배가 산으로 간다'라는 말이 있다. 나는 이런 속담을 주식시장에서 '생각이 많으면 실패로 끝난다'라고 바꿔 말하고 싶다.

다년간 투자 경험 끝에 얻어낸 결론은 'simple is beauty'다. 매매를 할 때는 생각을 많이 하기보다 자신이 정해 놓은 투자원칙을 지키는 것이 무엇보다 중요하다.

인간은 한없이 나약한 존재다. 그렇다 보니 생각이 많아지면 모든 상황을 자신에게 유리하게 해석하기 시작한다. 이 같은 현상은 결국 현실을 제대로 보지 못하게 만들어 자신을 실패의 나락으로 끌어당긴다.

때문에 매매에 있어서 만큼은 생각을 줄여야 한다. 생각을 줄이기 위해서는 투자원칙이 심플해야 한다. 기술적 분석은 시각화가 가능하고 해석이 매우 쉽기 때문에 심플한 투자원칙을 만들기에 최적화되어 있다.

결론적으로, 기술적 분석은 확률에 기반한 투자 지침이며, 이 확률은 주식시장 상황에 따라 달라질 수 있기 때문에 절대적인 기준이 될 수 없다. 그러나 기술적 분석은 시각화와 단순한 해석이라는 장점을 갖고 있어, 자신만의 투자 원칙을 수립하는 데 매우 유용하다. 따라서 기술적 분석은 자신만의 투자 원칙을 실현하기 위한 수단으로 활용하는 데 매우 효과적이다.

2. 기술적 분석의 가정

기술적 분석의 기본 가정은 '가격은 모든 정보를 반영한다'는 것이다. 주식시장에는 CEO, 경제학자, 펀드매니저, 애널리스트, 회계사, 은행원, 일반 회사원, 일용직 노동자, 주부, 학생에 이르기까지 다양하고 수많은 사람들이 참여한다. 이처럼 다양한 투자자들의 참여는 주식시장에서 주가의 적정 가치를 형성하게 한다.

기본적으로 단기 주가 형성에 가장 큰 영향을 미치는 요소는 정보다. 회사의 내부정보가 되었건 정치적, 경제적, 사회적 정보가 되었건 현재 주가는 정보에 대한 실시간 가격 반응으로 볼 수 있다.

과거 통신기술이 발달하지 못한 시절 정보는 일종의 기회이자 돈이었다. 그러나 현대사회에 들어와 급격한 통신기술의 발달로 휴대폰 하나만 있으면 전 세계에서 일어나는 일들을 거의 실시간으로 받아볼 수 있게 되었다. 그 결과 가격과 정보 사이의 격차는 거의 사라지게 되었다.

나아가 가격은 정보를 선반영하는 수준에까지 이르렀다. 이러한 현상은 주변에서 쉽게 확인할 수 있다. 가령, 한동안 조용하던 주식이 갑자기 급등하거나 급락한 후, 그 원인이 며칠 뒤 신문 기사나 공시를 통해 밝혀지는 경우를 자주 볼 수 있다.

2015년 급등한 약품의 경우 초대형 공급계약을 터트리며 단기간에 10배 가까이 급등했다. 주가는 공시 발표 전부터 급등하기 시작했는데, 이미 호재를 안 사람들이 매수를 시작한 것이다.

이는 사전 정보 유출로 인한 특정 세력의 집중 매수에 의한 것이다. 물론 미공개정보를 이용한 사전 거래는 불법이다. 여기서 내가 말하고자 하는 바는 불법과 합법 여부를 떠나서 누군가는 정보를 미리 알고 일반 대중보다 앞서 매매한다는 것이다. 그 결과 가격이 정보를 선반영하게 된다는 점이다.

비단 정보의 선반영은 개별 기업에 국한된 사항이 아니다. 과거 서브프라임 당시 외국계 투자자들은 2008년 하반기 금융위기 신호를 감지하고 상반기부터 신흥국에서 투자된 자금을 사전에 회수하기 시작했다. 그 결과 우리나라 역시 양호한 경제 상황에도 불구하고 이유 없는 주가 하락을 경험해야만 했다. 2008년 초반 대부분 전문가들은 이 같은 현상에 대해 일시적 현상일 뿐 곧 회복세를 나타낼 것으로 전망했다. 그러나 이 같은 전문가들의 예측은 철저하게 틀렸다. 결과론적으로 2008년 말 '서브프라임'이라는 세계적 경제 위기를 가장 정확하게 예언한 것은 바로 코스피 차트였다.

주식시장의 수많은 정보 중 거짓과 사실을 구분하기는 매우 어렵다. 특히, 최근에는 출처조차 알 수 없는 정보와 루머가 넘쳐난다. 하지만 가격은 순수하게 진실을 이야기한다. 단기적으로는 가격 움직임이 아무런 의미가 없는 것처럼 보일 수 있으나 종국에는 진실에 가까운 쪽으로 움직이기 때문이다.

3. 기술적 분석의 기본

기술적 분석은 지지선과 저항선을 파악하는 것에서 시작된다. 지지와 저항을 찾아낸 후에는 추세의 전환 여부와 진행 방향을 판단하고, 추세에 맞는 매매를 하는 것이 기술적 분석의 궁극적인 목표다.

지지란 다수의 대기매수자들이 존재하고 있는 영역이며, 반대로 저항이란 다수의 대기매도자들이 존재하고 있는 영역이다. 주가는 일반적으로 지지와 저항으로 인해 일정 수준까지 하락하면 반등하고, 반대로 일정 수준까지 상승하면 하락한다.

저항이란 주가가 일정 수준까지 상승했을 때, 매도세가 강하게 유입되어 매수세를 압도하는 지점을 말한다. 이로 인해 주가는 저항선 부근에 도달하면 하락세로 전환되거나, 최소한 저항선 바로 아래에서 횡보하는 모습을 보이게 된다.

반대로 지지는 저항과 반대로, 주가가 일정 수준까지 하락했을 때 매수세가 유입되어 매도세를 압도하는 구간을 말한다. 이 경우 주가는 지지선 부근에서 반등하거나, 최소한 지지선 바로 위에서 잠시 숨 고르기를 하는 경향을 보인다.

일반적으로 지지선과 저항선이 형성되는 가격대에는 매물대가 많이 쌓여 있는 경우가 많다. 매물대란 일정 가격대에서 주식 거래가 집중적으로 이루어진 구간을 의미하며, 이 구간에는 매수·매도 대기자가 다수 존재하기 때문에 지지선과 저항선으로 작용하게 된다.

상승 추세에 놓여 있는 종목을 예로 들어보자. 현재가 8천 원, 총 발행 주식은 10만 주인 A 주식이 상승 추세에 놓여 있다고 가정해 보자. 이 주식은 과거 9,500원~10,500원대에서 20만 주 이상의 엄청난 거래량을 기록한 바 있다. 상승 추세를 기록하던 A가 10,000원에 가까워지자 점차 상승 탄력을 잃기 시작한다. 그리고 이와 더불어 거래량도 점차 증가하기 시작한다. 왜 이 같은 현상이 나타나는 것일까? 답은 아주 간단하다. 대기 매도자가 많기 때문이다.

과거 1만 원대에서 20만 주 이상 거래되었다는 뜻은 많은 투자자들이 평균 매매 단가 1만 원 수준에서 주식을 보유하고 있음을 뜻한다. 물론 시간이 지나면서 주식을 완전히 처분하거나 추가 매매로 인해 평균단가가 많이 변경되었을 것이다. 그러나 많은 투자자들이 1만 원대에 물려 원금 회복을 기다리고 있을 가능성이 높다.

이 때문에 주가는 1만 원에 가까워질수록 기존 보유자들의 본전 심리에 의해 매도 압력이 높아지게 된다. 이 같은 매도 압력은 결국 주가의 상승 걸림돌로 작용하게 된다. 주가가 1만 원을 넘어서기 위해서는 '매물 소화과정'을 거쳐야 한다. 주가가 계속해서 과거에 물려있던 악성 매물을 소화하고 1만 원대를 돌파했다면 추후 주가는 더 빠르고 강하게 상승하는 모습을 나타낸다. '신고가 종목이 더 간다'라는 말이 바로 여기에 적용되는 이야기이다.

일단 주가가 악성 매물대를 돌파해 상승하면 그때부터는 대부분의 투자자들이 수익으로 돌아선다. 때문에 상대적으로 매도 압력이 확 낮아진다. 반대로 악성 매물 구간인 1만 원대를 돌파하지 못하고 주가가 재차 하락한다면 이러한 매물대의 영향력은 더욱 강해지고 과거보다 더 큰 저항선으로 작용하게 된다.

그렇다면 이 같은 매물대는 주로 어느 순간에 많이 쌓이게 될까? 바로 추세의 방향이 바뀔 때다. 가령 비슷한 수준의 현금과 주식을 보유한 100명의 투자자가 있다고 가정해 보자. 이 중 90명의 투자자들은 주가의 방향을 상승으로 보고 있고, 10명의 투자자만 하락으로 보고 있다. 이 경우 90명의 투자자들의 매수세가 10명의 투자자들의 매도세를 압도하기 때문에 주가는 당연히 상승하게 될 것이다.

그러나 각각 50명의 투자자가 서로 상반된 의견을 갖고 있다고 가정해 보자. 50명은 상승을 나머지 50명은 하락을 예상하고 있는 것이다. 이때는 어느 한쪽이 완전히 패배할 때까지 둘의 매매 공방이 치열하게 나타날 것이다. 결국 어느 한쪽이 다른 한쪽을 압도할 때까지 계속해서 거래하게 되고, 그 결과 거래량이 증가하고 매물대가 형성된다.

일반적으로 전 고점이나 전 저점에 주로 매물대가 형성되는 이유가 바로 여기에 있다. 전 고점과 전 저점은 그 자체로 과거에 추세의 전환 구간이었음을 의미한다. 전 고점의 경우 상승 추세에 있던 종목이 하락 추세로 돌아섰던 구간이고, 반대로 전 저점의 경우 하락 추세에 있던 종목이 상승 추세로 돌아섰던 구간이다. 이러한 이유로 전 고점이나 전 저점에서는 자연스럽게 많은 거래량이 발생하고 그 결과 매물대가 형성되어 저항선이나 지지선으로 작용할 가능성이 높다.

이동평균선 역시 이와 같은 맥락으로 볼 수 있다. 이동평균선은 N일 동안의 평균 가격이다. 이 말은 N일 동안 거래한 투자자들의 평균 보유 단가를 뜻하기도 한다. 여기서 N일이 커질수록 당연히 투자자들의 수도 비례해 증가한다. 5일 동안 거래한 투자자보다는 당연히 20일 동안 거래한 투자자 수가 많기 때문이다.

일반적으로 5일 이동평균선보다는 20일 이동평균선을 돌파하기가 더 어렵고 20일 이동평균선보다는 120일 이동평균선을 돌파하기가 더 어렵다. 결국 이동평균선 역시 매물대와 같은 맥락으로 생각해 볼 수 있다. 이는 5일 이동평균선 가격보다는 20일 이동평균선 가격에 주식을 보유한 투자자들이 많고, 20일 이동평균선 가격보다는 120일 이동평균선 가격에 주식을 보유한 투자자들이 많기 때문이다. 당연히 기간이 길어질수록 해당 가격에 주식을 보유한 투자자들의 수도 비례해서 증가하게 된다.

결국 기술적 분석에서 가장 중요한 점은 '어느 가격대에 투자자들이 몰려있는가'이다. 투자자가 많이 몰려 있는 가격대를 쉽게 돌파한다면 그만큼 상승 탄력이 강함을 의미하는 것이고 반대로 이 같은 가격대를 돌파하지 못했다는 것은 상승 탄력이 대기 매도세를 앞지르지 못했음을 의미하는 것이다. 이것이 기술적 분석의 핵심이다.

기술적 분석 - 추세

1. 추세란

 혼마 무네히사, 제시 리버모어 등 주식시장에서 성공한 이들이 공통으로 강조하는 사실이 있다. 바로 주식시장에서 '사야 할 때'가 존재한다는 것이다.

 혼마 무네히사는 '상승장에서는 아무리 손실을 보고 싶어도 수익 나기가 쉽고 하락장에서는 아무리 이익을 얻고 싶어도 손실 보기가 쉽다'고 말했다. 이처럼 주식시장에서 거스를 수 없는 커다란 힘이 존재하는데, 그것이 바로 추세다.

 주식시장은 매 순간 끊임없이 오르내림을 반복하며 움직인다. 단기적으로 보면 이러한 움직임이 매우 불규칙하게 느껴지지만, 장기적으로 보면 결국 상승 혹은 하락이라는 하나의 방향성을 따라간다.

예를 들어, 대세 상승장이었던 2020년 4월부터 2021년 4월까지의 주가는 하루도 빠짐없이 오르내리며 움직였지만, 큰 흐름으로 보면 그 1년은 꾸준한 상승의 시기였다.

제시 리버모어는 '큰돈을 벌어주는 것은 완벽한 매매 기술이 아닌 진득한 엉덩이와 시간이다'라고 말했다. 다시 말해 주식시장의 방향(추세)에 맞게 거래했다면 충분한 수익이 날 때까지 기다리라는 것이다.

나 역시 이 말에 전적으로 공감한다. 주식투자란 완벽한 타이밍을 재는 기술이 아니라, 얼마나 추세에 순응하느냐의 싸움이다. 추세를 염두에 두고 매매하면 쉬어야 할 시점, 매수할 시점, 매도할 시점이 자연스럽게 보이기 시작한다.

이처럼 추세는 주식투자에 있어서 시작과 끝이다. 좀 더 과장해서 말하자면 추세만 정확하게 파악할 수 있다면 투자자는 언제나 성공할 수 있다.

2. 추세 형성의 원인

주식시장에서는 오랜 시간 동안 강세장과 약세장을 각각 황소와 곰에 비유해 왔다. 황소는 뿔로 위를 향해 들이받는 모습에서 강세장을, 곰은 앞발로 아래로 내리치는 모습에서 약세장을 상징한다. 일반적으로 강세장은 대부분의 주가가 상승하는 시기를, 약세장은 대부분의 주가가 하락하는 시기를 의미한다.

누구나 한 번쯤 콘서트장이나 크리스마스 날 지하철에서 대규모 인파에 휩쓸려 자신의 의지와는 상관없이 움직였던 경험이 있을 것이다. 추세란 이러한 현상과 비슷하다. 개인의 의지나 판단과는 무관하게 주식시장이 정한 방향으로 따라가게 되는 흐름이라고 이해하면 쉽다.

이러한 현상에 대해 켄 피셔는 인간의 본성에서 그 해답을 찾았다. 인간은 선사시대부터 집단생활을 추구해 왔다. 날카로운 이빨이나 강한 발톱이 없는 인간은 혼자서는 매우 나약한 존재였기에, 생존을 위해 집단에 의존할 수밖에 없었다. 허허벌판을 혼자 걷는 것보다 집단에 속해 있는 것이 훨씬 안전했기 때문이다.

인간은 수만 년의 세월을 통해 자신의 안전과 생명을 집단을 통해 보호받을 수 있다는 것을 깨달았다. 이 때문에 '집단=안정'이라는 공식이 인간의 본능에 뿌리 깊게 자리 잡게 되었다.

이 같은 본능은 주식시장에서도 여지없이 나타난다. 투자처럼 불확실성이 높은 환경에서 대다수의 사람들은 본능적으로 집단의 방향을 쫓게 되고 그 결과 추세라는 현상이 나타난다. 결국 추세란 집단이 향하는 방향이라 볼 수 있다.

추세 진행 〈출처: 키움증권 HTS〉

3. 추세 파악의 중요성

일단 추세가 형성되면, 주가는 나의 의지와 상관없이 주식시장이 결정한 방향으로 계속해서 움직이기 마련이다. 이 때문에 투자의 성패를 결정짓는 가장 중요한 요소는 추세에 올라타는 것이다. 아무리 재무적으로 나쁜 기업이더라도 일단 주식시장 전체가 강력한 상승 추세를 나타내고 있으면 하락보다 상승할 여지가 많다. 반대로 아무리 재무적 요건이 훌륭한 기업이더라도 주식시장 전체가 하락 추세를 나타내고 있다면 주가는 상승보다 하락할 가능성이 높다. 이 같은 특성 때문에 강세장에서는 악재보다 호재에 민감하고 약세장에서는 호재보다 악재에 민감한 현상이 나타난다.

현명한 투자자라면 투자에 성공하기 위해서는 추세와 함께 해야 한다는 것을 본능적으로 알고 있다. 한번 방향이 결정되어 추세가 형성된 주식시장은 쉽사리 방향을 바꾸지 않는다. 때문에 상승 추세에서 거래를 시작하면 오늘 거래를 시작한 초보자이건 20년 이상의 베테랑 투자자이건 쉽게 수익을 올릴 수 있다.

이는 크리스마스날 지하철역에서 많은 인파에 밀려 자연스럽게 출구를 향해 계단을 오르는 것과 비슷하다. 이 같은 상황 속에서 자신만 계단을 내려가야 한다면 얼마나 곤욕스러울까. 주식시장 역시 마찬가지다. 상승 추세에서 매매하는 것은 지하철역에서 모두가 계단을 오를 때 함께 올라가는 것과 같고, 반대로 하락 추세에서 매매하는 것은 모두가 계단을 내려갈 때 혼자 역행해 올라가는 것과 같다.

4. 추세 분석

> 추세의 시작과 마감이야말로 투자자들이 발견할 수 있는 가장 위대한 발견이다.
>
> - 제시 리버모어

기술적 분석의 핵심은 추세의 전환점과 추세의 시작점에서 자신만의 신호를 만드는 것이다. '지지와 저항을 찾아낸 뒤 이를 토대로 추세의 전환과 진행을 판별해 내는 것'. 결국 이것이 기술적 분석의 최종 목표라 할 수 있다. 추세는 크게 비추세, 상승·하락 추세, 전환점으로 나눠볼 수 있다.

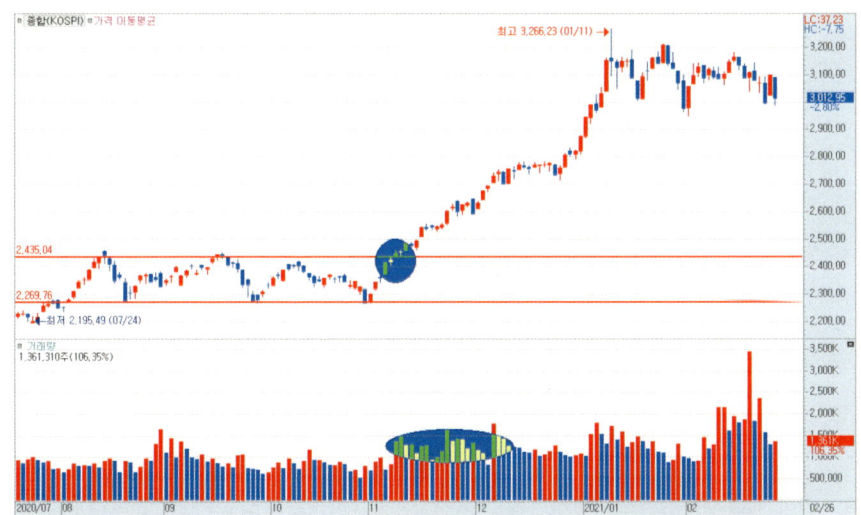

박스권을 돌파한 후 거래량 증가와 함께 상승세를 나타냄 〈출처: 키움증권 HTS〉

1) 비추세(박스권)

먼저 비추세 구간이란 말 그대로 추세가 없는 구간을 뜻한다. 추세가 없기 때문에 주가는 일정한 박스권을 형성하며 횡보하는 모습을 나타낸다. 비추세 구간은 크게 주가 급등·급락 후 고점과 저점에서 단기에 걸쳐 나타나는 구간과 장기에 걸쳐 주가 바닥에서 나타나는 구간으로 볼 수 있다.

먼저 상승·하락 추세 진행 후 나타나는 비추세 구간은 단기에 걸쳐 수요와 공급이 균형을 이룬 상태로 상승·하락에 대한 호흡 조정 국면 정도로 볼 수 있다. 이때 주가는 박스권의 상단과 하단을 언제든지 쉽게 돌파할 수 있는 상태이며, 여기서 눈여겨봐야 할 것은 향후 방향성이다. 박스권 이탈 후 주가가 기존의 추세를 유지할 것인지 아니면 추세의 전환을 나타낼 것인지 눈여겨봐야 한다.

비추세 구간은 사실상 주가가 힘을 잃어버린 구간이다. 일반적으로 이 구간에서는 박스권 매매가 유효하며 짧게 매매하는 것이 좋다. 비추세 구간에서는 비슷한 수준의 거래량을 유지하며 일정한 물량의 출회와 소화가 계속해서 나타난다. 이러한 과정에서 주가는 박스권을 형성하게 된다. 이 같은 현상이 장기화 되면 박스권은 그 자체로 강력한 저항선과 지지선이 되기 때문에 돌파가 쉽지 않다. 설사 돌파했다 할지라도 3~5일 이내 재차 박스권 안으로 돌아올 가능성이 더욱 높다.

반대로 강력한 박스권 상단·하단 돌파는 새로운 추세 형성의 신호탄으로 볼 수 있다. 주가가 강력한 저항·지지선을 돌파하기 위해서는 이에 상응하는 강력한 힘이 필요하다. 주가의 힘을 알 수 있는 지표는 거래량인데, 주가가 박스권 상·하단 돌파 시 기존에 없던 대량의 거래량과 함께 계속해서 돌파 시도를 나타내면, 박스권 돌파 가능성에 무게를 둬야 한다. 또한 박스권 돌파 이후 나타나는 가격 조정에서 주가가 재차 박스권 안으로 들어오지 않고 버틴다면 새로운 추세가 나타날 가능성이 높다.

2) 추세의 진행

강력한 박스권에 갇혀 있던 주가가 박스권을 돌파해 상승하기 시작한다면 이는 새로운 상승 추세로 접어들었다고 볼 수 있다. 추세의 진행 구간에서 가장 중요하게 확인해야 할 점은 '얼마나 건조하게 한 방향으로 추세를 형성하고 있는가'이다.

추세의 힘을 확인하는 가장 좋은 방법은 매수·매도 세력이 팽팽히 맞설 때 어느 쪽이 승리했는지를 파악하는 것이다. 매수자와 매도자의 의견이 팽팽할수록 주식시장에서는 대량의 거래가 발생한다. 따라서 대량 거래가 발생한 시점에서의 가격 변화를 주의 깊게 살펴볼 필요가 있다. 대량 거래와 함께 나타난 장대 양봉은 매수 세력의 승리를 의미하며, 반대로 대량 거래와 함께 나타난 장대 음봉은 매도 세력의 승리를 뜻한다. 즉, 거래량을 동반한 장대 양봉이 자주 발생할수록 매수 세력의 힘이 건조하다는 의미이고, 반대로 장대 음봉이 자주 발생할수록 매도 세력의 힘이 건조하다는 의미다.

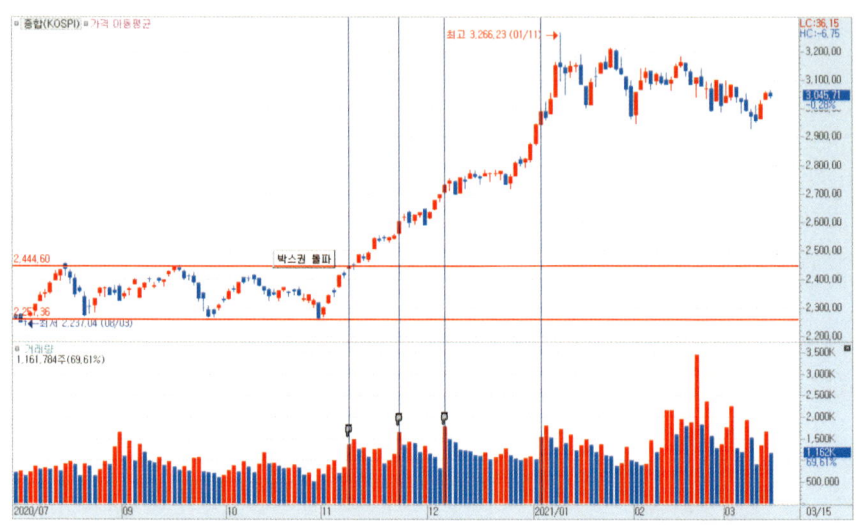

추세의 진행 구간에서 대량의 거래량과 함께 장대양봉이 지속 발생 〈출처: 키움증권 HTS〉

　이를 추세에 접목하면 상승 추세에서는 거래량을 동반한 장대양봉이 자주 발생할수록 상승 추세의 힘이 견조하다는 것이며, 반대로 하락 추세에서는 거래량을 동반한 장대 음봉이 자주 발생할수록 하락 추세의 힘이 강하다는 것을 뜻한다.

　이에 따라 상승 추세에서는 대량의 거래량을 동반한 장대 양봉이 추세의 힘을 확인할 수 있는 의미 있는 신호가 되며, 반대로 하락 추세에서는 대량의 거래량을 동반한 장대 음봉이 추세의 힘을 확인할 수 있는 의미 있는 신호가 된다.

　추세 진행에 있어서 무엇보다 중요한 점은 매수면 매수, 매도면 매도로 일관된 흐름이 유지되어야 한다는 점이다. 일단 추세를 형성하면 주가는 추세와 같은 방향으로는 강하게 움직이고 반대 방향으로는 상대적으로 약하게 움직이는 모습을 보인다.

그 결과 상승 추세에서는 상승의 힘이 강해 이전에 기록했던 전고점을 지속적으로 돌파해 나가고 조정이 나타나더라도 하락의 힘이 약해 과거의 저점보다는 높은 수준에서 조정을 마무리하게 된다. 상승 추세의 전형적인 특성인 저점의 수준이 계속해서 높아지고 신고가를 기록하는 현상이 나타나는 것이다.

반대로 하락 추세에서의 주가는 기존 저점을 지속적으로 붕괴해 나가고 낙폭 과대에 따른 주가 반등이 나타나더라도 상승의 힘이 약해 이전 고점보다 낮은 수준에서 고점을 형성하게 된다. 이 때문에 하락 추세의 전형적 특징인 고점 수준이 계속해서 낮아지고 신저가를 기록하는 현상이 나타나는 것이다.

3) 추세 전환점

추세의 전환점이란 상승·하락 추세를 진행 중이던 주가가 기존의 추세와 반대되는 모습으로 급격히 다르게 움직이는 시점을 뜻한다. 이 때문에 추세의 전환점은 강력한 매수·매도 시점이 된다.

상승 추세를 기록하던 주가의 추세 전환점은 강력한 매도 시점이 되고, 반대로 하락 추세를 기록하던 주가의 추세 전환점은 강력한 매수 시점이 된다.

나는 이를 쉽게 '매수 추세 전환점'과 '매도 추세 전환점'이라 부른다. 매수 추세 전환점이란 하락 추세에 놓여 있던 주가가 추세 전환점을 맞이한 시점을 뜻하며, 반대로 매도 추세 전환점이란 상승 추세에 놓여 있던 주가가 추세 전환점을 맞이한 시점을 뜻한다.

주식투자에 있어 일반적으로 매수보다 매도가 어렵고 매수보다 매도가 더 중요하다. 주식을 매수하지 않으면 손실도 수익도 발생하지 않는다. 말 그대로 무위험이다. 하지만 일단 보유 중인 주식을 잘못 매도할 경우 자칫 돌이킬 수 없는 결과를 남기게 된다. 이 때문에 추세 전환점 역시 '매수 추세 전환점'보다 '매도 추세 전환점'이 더 중요하다.

매도 추세 전환점에서는 몇 가지 특색 있는 모습이 나타난다. 대표적으로 대량의 거래량을 수반한 장대 음봉과 피뢰침 차트 등이다. 앞서 설명하였듯 상승 추세에서 가장 중요한 형태는 대량 거래량을 수반한 장대 양봉이다. 이러한 형태의 차트가 많이 나타날수록 상승 추세가 유효하다는 것을 의미한다. 그런데 어느 날 장대 양봉과 정반대인 모습이 차트들이 나타나면 주의를 기울일 필요가 있다. 대표적인 차트로 대량 거래를 수반하는 장대 음봉 및 피뢰침 차트 등을 들 수 있다. 이 같은 형태의 차트가 발생했다면 추세의 진행에 뭔가 심상치 않은 분위기가 형성되고 있음을 의미하는 것이다.

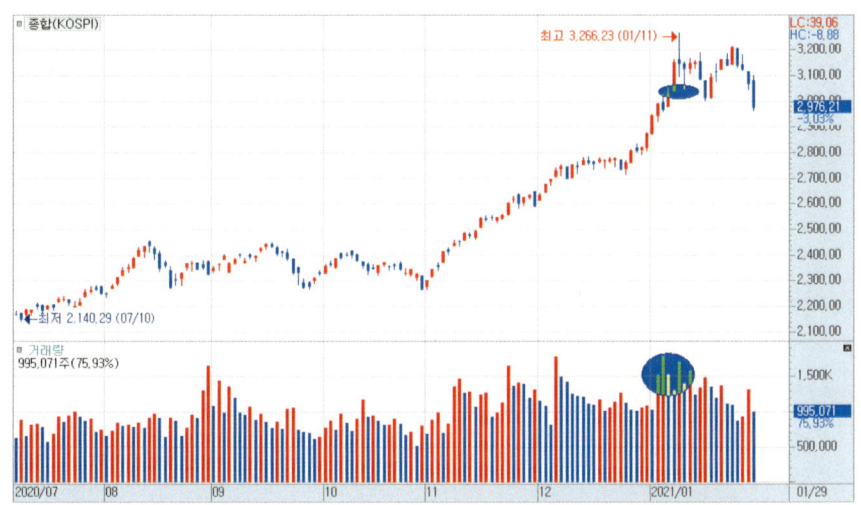

1년 가깝게 상승추세를 이어오던 코스피 지수가 윗꼬리를 길게 형성하며
위험 신호를 발생 〈출처: 키움증권 HTS〉

일단 이 같은 위험신호가 발생했다면 일단 일부라도 매도해 수익을 실현해야 한다. 앞서 말했듯 기술적 분석은 어디까지나 확률 이론에 기초한다. 즉 100% 정확한 기술적 분석은 없다. 그 때문에 일단 위험신호가 발생했다면 주저 없이 위험신호에 따라 움직

이는 자세가 필요하다. 설사 다음 날 곧바로 급등하더라도, 그것은 주식시장이 나의 예상을 벗어나 움직였음을 뜻할 뿐 투자에 대한 나의 판단 자체가 잘못되었음을 의미하는 것은 아니다.

나의 원칙은 '위험은 피한다'이며 이에 따라 위험신호가 나타났을 때 매도하는 것이 옳다고 판단한 것이다. 이러한 판단은 장기적으로 봤을 때 항상 옳았다.

주식시장이 나의 예상을 벗어나 움직였다고 해서 자신의 판단 자체에 의문을 가져서는 안 된다. 그러한 의문을 품는 순간 자신에 대한 확신이 사라지고 주식시장의 움직임에 따라 뇌동매매하기 때문이다.

5. 추세 관련 기술적 분석

1) 추세선

추세선은 크게 상승 추세선과 하락 추세선으로 구분할 수 있다. 상승 추세선은 주가가 상승세를 나타낼 때 주가의 저점과 저점을 연결해 그린 선을 뜻한다. 반대로 하락 추세선은 주가가 하락세를 나타낼 때 주가의 고점과 고점을 연결해 그린 선을 뜻한다.

주가가 상승 추세에 놓여 있다면 상승압력이 강해 조정 시마다 형성되는 저점이 이전 저점보다 높은 수준에서 형성되게 된다. 이 때문에 주가의 저점과 저점을 연결하면 우상향 하는 선이 그려진다.

반대로 하락 추세에 놓여 있는 주가는 상승 시마다 하락 압력이 강해 이전 고점 수준을 넘지 못한다. 이 때문에 고점과 고점을 연결하면 우하향 하는 선이 그려진다. 이 같은 작성 원리로 인해 상승 추세선은 일종의 지지선 역할을 하게 되며 하락 추세선은 저항선 역할을 하게 된다.

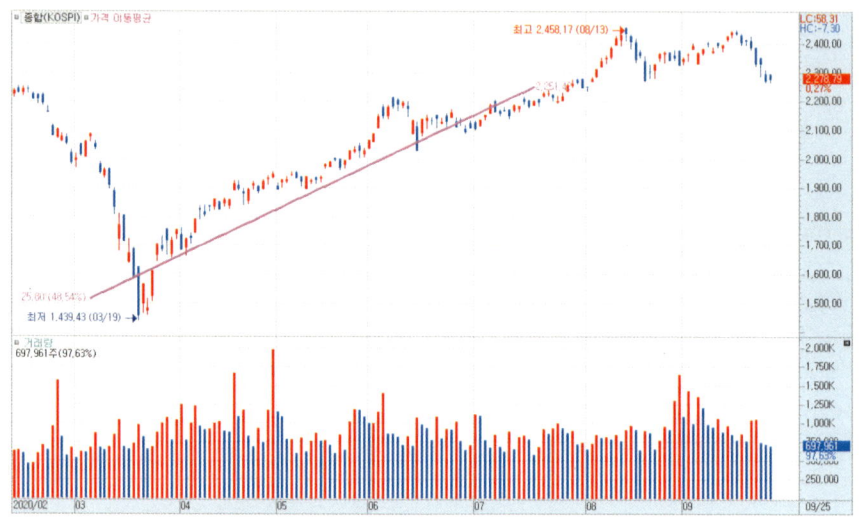
상승 추세 구간에서의 추세선 〈출처: 키움증권 HTS〉

하락 추세 구간에서의 추세선 〈출처: 키움증권 HTS〉

추세선은 기간에 따라 일간, 주간, 월간 추세선으로 그릴 수 있다. 당연히 장기로 갈수록 추세선의 의미는 더욱 커진다. 예를 들어 일간 추세선은 상승 추세를 나타내고 있는데 주간 추세선은 하락을 나타내고 있다면, 길게 봤을 때 주가 흐름은 하락할 가능성이 더 크다. 또한, 추세선의 기울기는 추세의 진행 속도를 보여준다. 추세선의 기울기가 가파를수록 추세의 힘이 강하다는 뜻이다.

2) 추세 관련 지표

추세와 가장 관련성이 높은 기술적 지표는 RSI다. RSI는 상대적 강도 지수로 현재 추세의 강도를 백분율로 표시한 지표다. 1978년 미국의 윌레스 와일더가 개발한 지표로 RSI가 0인 경우에는 N일 동안 계속해서 하락만 했음을 의미하고, RSI가 100인 경우 N일 동안 계속해서 상승했음을 의미한다.

RSI의 계산식

> RSI = 100 - [100/(1+RS)]
> RS = [N일간의 종가 상승폭의 평균 / N일간의 종가 하락폭의 평균]

RSI의 계산식은 먼저 RS 값을 구한 뒤 이를 100값을 기준으로 다시 상대적 크기를 백분율로 표시한 것이다. RS 값은 N일 동안의 종가 상승폭 평균을 N일 동안의 종가 하락폭 평균으로 나누어 구한다. 이렇게 구해진 값을 다시 종가 상승폭을 기준으로 백분율로 표기한다.

다시 RSI 계산식을 보다 쉽게 표시하면 아래와 같이 표시할 수 있다.

> RSI = N일간의 상승폭합계 / (N일간의 상승폭 합계 + N일간의 하락폭 합계) × 100

이 식에서 알 수 있듯 만일 N일 동안 주가가 계속해서 상승했다면 분자와 분모가 같아지고 결국 RSI 값은 100이 된다. 반대로 N일 동안 주가가 계속해서 하락했다면 분자값이 0이 되므로 RSI는 0이 된다.

결론적으로 N일 동안 주가의 상승일이 많아질수록 RSI 값은 100에 가까워지고 반대로 하락일이 많아질수록 RSI 값은 0에 가까워진다. 이를 좀 더 쉽게 표현하면 RSI 값이 올라갈수록 N일 중에 주가가 상승한 날이 점점 더 많아지고 있음을 의미하며, 반대로 RSI 값이 내려갈수록 N일 중 하락한 날이 점점 더 많아지고 있음을 뜻한다.

추세란 주가가 일정한 방향으로 움직이려는 힘이다. 이 때문에 상승 추세를 형성한 주가는 하락한 날보다 상승한 날이 많아지게 될 것이며, 반대로 하락 추세를 형성한 주가는 상승한 날보다 하락한 날이 많아질 것이다. 이 같은 특성 때문에 RSI 값이 추세의 강도를 보여주는 지표로 활용되는 것이다.

지표의 기본적 활용법

RSI의 기본 매매 전략은 RSI가 30 이하면 과매도권으로 보고 매수하고 RSI가 70 이상이면 과매수권으로 매도한다. (일반적으로 RSI는 14일을 기준으로 한다.)

또한, RSI가 기준선인 50을 상향 돌파하거나 하향 돌파하는 시점을 추세의 연장선으로 보고 매수·매도 시점으로 활용한다. 50일 상향 돌파하는 순간 상승 추세의 연장으로 보고 매수하며 반대로 50을 하향 돌파하면 하락 추세의 연장으로 보고 매도한다.

RSI 매수구간 〈출처: 키움증권 HTS〉

3장
기술적 분석의 종류

1. 이동평균선 분석

   HTS에서 차트 정보를 초기화하면 남는 3가지 지표가 있다. 이동평균선, 거래량, 캔들 차트다. 이 세 가지는 모든 HTS 화면의 기본이 될 만큼 기술적 분석에서 있어서 가장 기본이자 가장 중요한 지표라고 볼 수 있다. "Back to the basics" 언제나 그렇듯 모든 일에는 기본이 가장 중요하다. 기술적 분석에는 수많은 방법이 있는데 이러한 기술적 분석 대부분은 이동평균선, 거래량, 캔들 차트로부터 파생된다. 설사 기술적 분석 투자자가 아닐지라도 이동평균선, 거래량, 캔들 차트 세 가지만큼은 반드시 알고 가야 한다.

1) 이동평균선 이란

 이동평균선이란 일정 기간의 주가 평균값을 연결한 선을 뜻한다. 예를 들어 5일 이동평균선은 5일 동안의 주가 평균값을 연결한 선을 뜻하며 20일 이동평균선은 20일 동안의 주가 평균값을 연결한 선이다. 이동평균선은 과거 주가를 토대로 계산되기 때문에 후행성을 가지지만, 주가 흐름에 있어서 지지와 저항을 찾아내는 데 매우 중요한 역할을 한다.

가. 이동평균선의 특성

 일반적으로 주가가 이동평균선보다 아래에 위치한 경우 이동평균선은 주가의 저항선이 되며 반대로 주가가 이동평균선보다 위에 있을 경우 이동평균선은 주가의 지지선이 된다.

 이동평균선의 기간이 길면 길수록 강력한 지지·저항선으로 작용하게 된다. 그 이유는 이동평균선의 본질에서 찾아볼 수 있다. 이동평균선은 일정 기간의 주가 평균값을 의미한다. 즉 5일 이동평균선은 5일 동안 거래한 사람들의 평균 매매 단가가 되며 20일 이동평균선은 20일 동안 거래한 사람들의 평균 매매 단가가 된다. 당연히 기간이 길어질수록 매매에 참여한 사람들의 수도 증가한다. 이 때문에 5일 이동평균선 매매 단가보다는 20일 이동평균선 매매 단가로 주식을 보유하고 있는 사람의 수가 많으며 20일 이동평균선보다는 120일 이동평균선 매매 단가로 주식을 보유한 사람이 많다. 결국 이동평균선의 기간 값이 길어질수록 더 많은 투자자들이 이동평균선값으로 주식을 보유하고 있음을 의미한다.

앞서 설명한 '기술적 분석의 핵심'에서 많은 사람이 거래한 가격대일수록 강력한 지지와 저항으로 작용한다고 했다. 이 때문에 이동평균선의 기간 값이 길어질수록 해당 가격대에서 거래에 참여한 사람이 많아지게 되며 이는 결국 더욱 강한 지지와 저항으로 작용하게 되는 것이다.

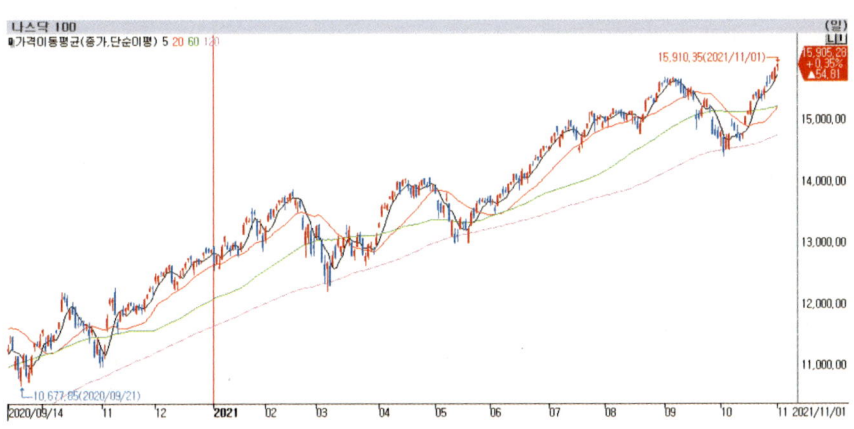

정배열 상태에서 주가 조정 시 이동평균선의 지지를 받으며 계속해서 상승세를 나타낸다
〈 출처: 키움증권 HTS〉

나. 이동평균선의 종류

이동평균선 계산에는 주가와 기간이 활용된다. 기간이 짧으면 짧을수록 가격에 민감하게 반응하며, 기간이 길면 길수록 이동평균선은 가격에 둔감하게 반응한다. 이동평균선 분석에서 가장 많이 사용되는 선은 5일, 20일, 60일, 120일선 등이다. 현재 우리나라 주식시장은 월~금요일까지 주5일 동안 개장되고 있다. 이에 따라 5일선은 일주일 종가 평균값을 연결한 선이 되며, 20일 선은 대략 한 달 동안의 종가 평균값을 연결한 선이 된다. 120일은 6개월을, 240일선은 1년 동안의 종가 평균값을 연결한 선이 된다.

5일 이동평균선

5일 이동평균선은 1주일 동안의 평균 종가를 연결한 선으로 단기매매선 이라고도 부른다. 5일선은 단기추세 파악에 중요한 역할을 하는데 이 때문에 데이트레이더 및 단기투자자의 매매 기준에 중요한 역할을 한다.

20일 이동평균선

대략 1개월 동안의 종가 평균을 연결한 선으로 중기매매선 또는 심리선이라 부른다. 20일 이동평균선은 볼린저밴드, 골든·데드크로스의 기준선이 될 만큼 중요한 기술적 지표로 평가받고 있다. 이 때문에 20일 이동평균선은 주가의 생명선이라고도 불리는

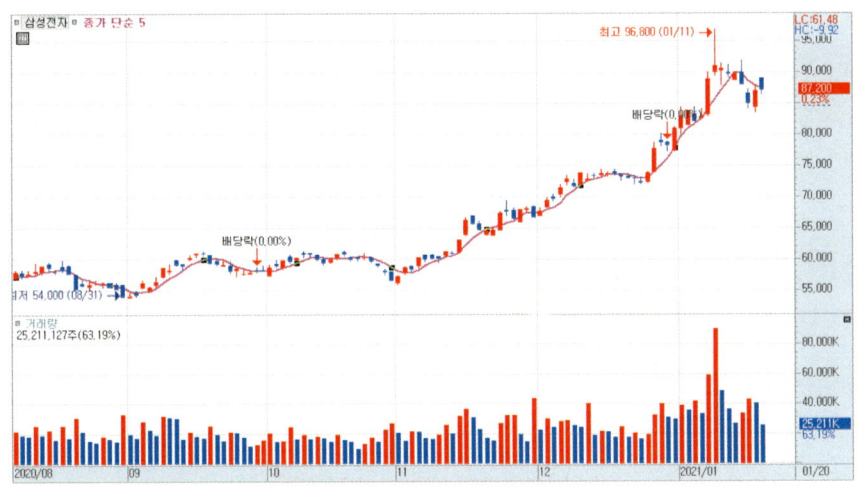

5일 이동평균선 〈출처: 키움증권 HTS〉

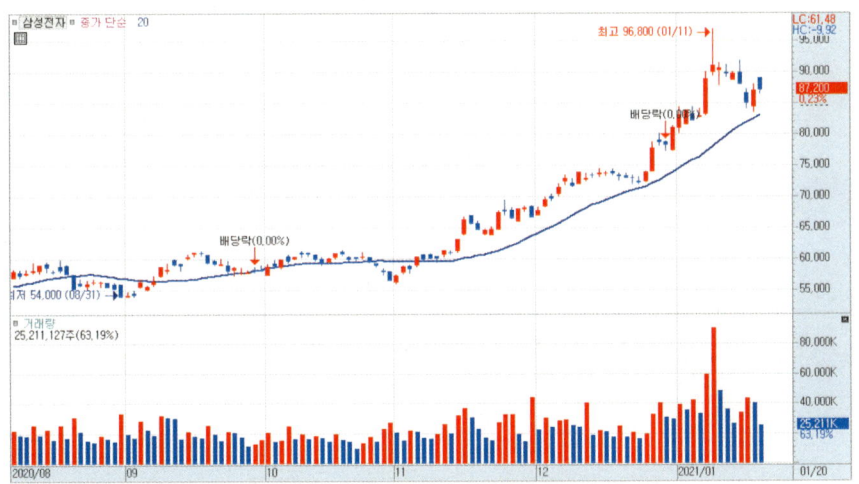

20일 이동평균선 〈출처: 키움증권 HTS〉

데 보통 추세가 살아있는 종목은 20일선을 지지받고 상승하는 경우가 많다. 나 역시 20일 선의 지지와 이탈 여부에 따라 추세의

PART 2. 기술적 분석   87

힘을 파악한다.

60일 이동평균선

3개월 동안의 종가 평균을 연결한 선으로 추세선, 수급선이라고 부른다. 주가는 추세를 형성하며 움직이는데 이러한 추세를 형성하는 주요 요인은 바로 수급이다. 60일 이동평균선은 이러한 수급을 보여주는 선으로 방향이 상방인지 하방인지에 따라 매수의 힘이 강한지 매도의 힘이 강한지를 판별할 수 있다.

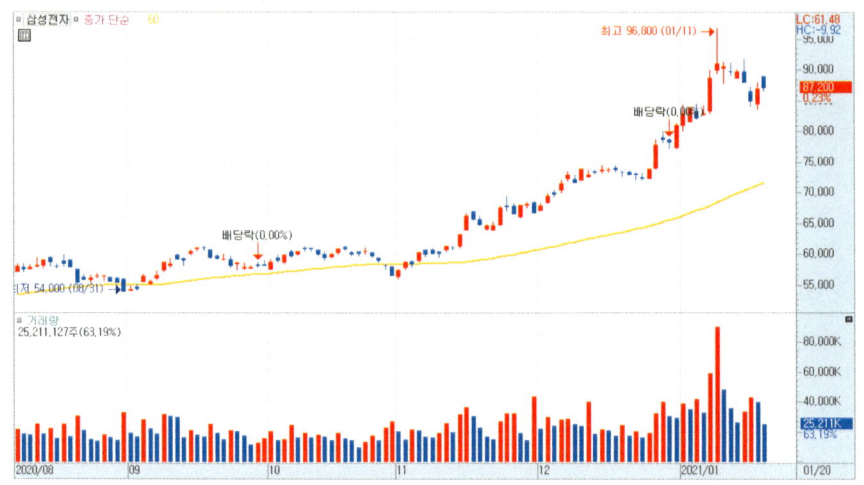

60일 이동평균선 〈출처: 키움증권 HTS〉

120일 이동평균선

6개월 동안의 종가 평균을 연결한 선으로 장기적 추세선, 경기선이라 부른다. 주가는 일반적으로 실물경기에 비해 6개월 정도

선행하는 것으로 알려져 있다. 이 같은 속성으로 120일 선은 경기선이라 불리며 대략적인 경기의 방향을 보여준다.

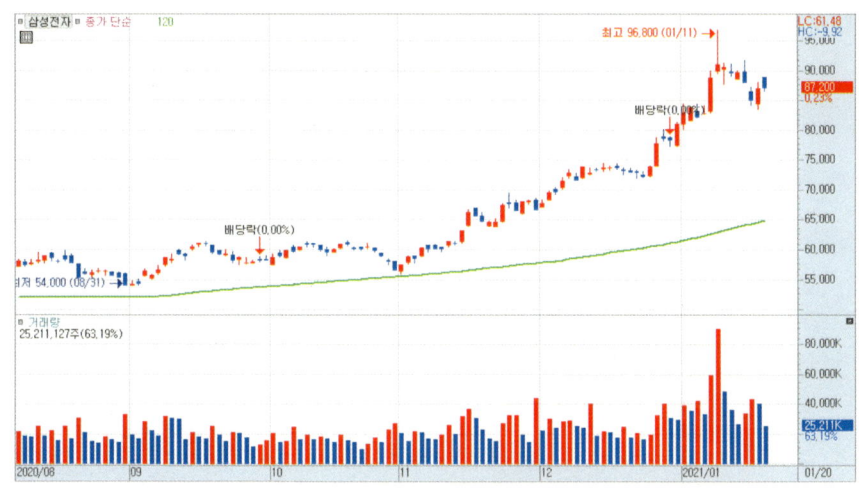

120일 이동평균선 〈출처: 키움증권 HTS〉

2) 이동평균선을 이용한 분석 방법

가. 배열도분석

배열도란 이동평균선과 주가의 배열 관계를 뜻한다. 가장 이상적인 배열의 모습은 주가(맨 위)-단기 이동평균선-장기 이동평균선(맨 아래) 순으로 배열이 나타났을 때다. 이를 정배열 상태라 하며 일단 정배열 상태가 되면 장기투자자부터 단기투자자까지 모두 수익 상태임을 의미한다. 모두가 수익인 상황에서는 추세를 전환시킬 만큼의 커다란 악재나 매물이 출회되지 않는 한 매도 저항이 매우 작다. 쉽게 말해 대부분의 투자자들이 수익 상태이기 때문에 서둘러 매도하려 하지 않는 것이다.

정배열 상태가 더욱 좋은 점은 주가가 하락할 때 아래에 놓여 있는 이동평균선들이 지지선으로 작용해 주가 하락을 방어해 주기 때문이다. 아래 HD한국조선해양 차트를 보면 주가가 하락할 때마다 장기 이동평균선들이 지지선으로 작용해 주가를 받쳐주고 있다. 이처럼 정배열 상태의 주가는 아래에 많은 지지선을 갖고 있어 주가 하락 시 안전판 역할로 작용한다.

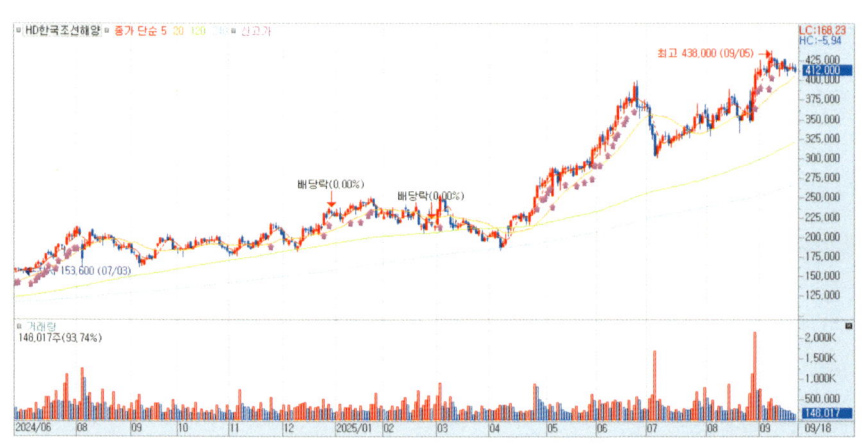

정배열 상태에서의 주가 흐름 〈출처 키움증권 HTS〉

반대로 최악의 상황은 역배열 상황이다. 역배열이란 장기 이동평균선(맨 위) - 단기 이동평균선 - 주가(맨 아래) 순으로 배열이 나타났을 때다. 일단 역배열 상태가 되면 장기투자자부터 최근 단기투자자까지 거의 모든 투자자들이 손실 상황에 놓이게 된다.

손실 상황에서는 본전 심리가 가장 크게 작용한다. 대부분의 손실 상태 투자자들은 수익은커녕 자신의 원금 회복을 손꼽아 기다린다. 일단 역배열 상태에서 주가는 제일 하단에 위치하기 때문에 주가 상승 시마다 계속해서 이동평균선을 만나게 된다. 이동평균선은 앞서 설명한 본전 심리와 맞물려 계속해서 저항선으로 작용하게 된다.

예를 들어 주가가 5일 이동평균선까지 상승한 경우 최근 일주일(5일) 동안 매매한 사람들이 드디어 원금 회복을 달성하게 된다. 이 때문에 5일 동안 손실로 고뇌하던 투자자들의 매도세가 출회된다. 이 같은 현상은 장기 이동평균선으로 갈수록 심화된다. 주가가 5일 선을 돌파해 20일선까지 상승할 경우 한 달 동안 매매한 사람들이 본전에 도달하게 되고 이때는 당연히 5일선 때의 매도 물량보다 더 많은 매도 물량이 나오게 된다.

역배열 상태에서의 주가는 상승할 때마다 기간값이 긴 장기 이동평균선을 만나게 되고, 이는 결국 주가가 상승할 때마다 강력한 매도 저항선으로 작용하게 된다. 이러한 상황에서 뚜렷한 호재나 추세를 바꿀만한 재료가 없는 경우 주가는 상승 시마다 장기 이동평균선에 부딪혀 하락하는 악순환을 되풀이하게 된다.

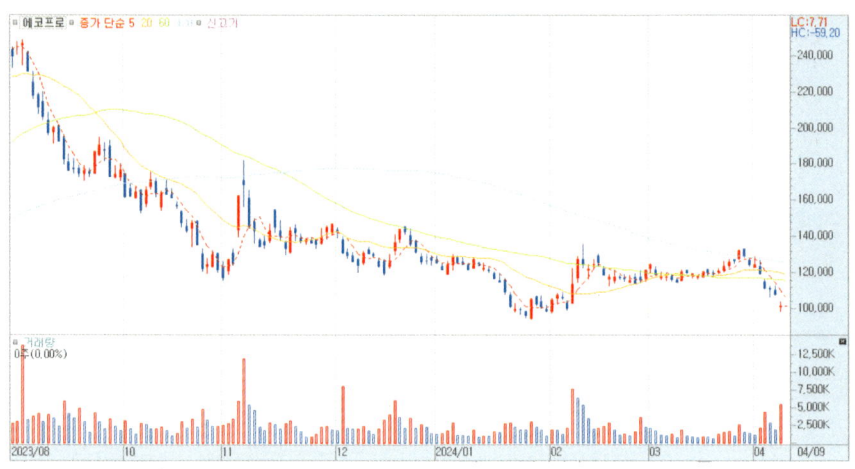

역배열 상태의 주가 흐름. 20일선이 저항선으로 작용하며 하락 〈출처: 키움증권 HTS〉

나. 크로스 분석

차트를 보면 기간 값이 짧은 이동평균선과 기간 값이 긴 이동평균선이 만나는 구간이 있다. 이때를 크로스(교차)라 한다. 기간 값이 짧은 이동평균선이 기간 값이 긴 이동평균선을 상향 돌파하면 골든 크로스라 하며 반대로 기간 값이 짧은 이동평균선이 기간이 긴 이동평균선을 하향 돌파하면 데드크로스라 한다. 주식시장에서 흔히 말하는 단기 골든·데드크로스는 5일 이동평균선이 20일 이동평균선을 상·하향 돌파했을 때를 의미한다.

　단기 골든크로스 상황을 구체적으로 생각해 보면 최근 5일 동안 거래한 사람들의 평균 매매 단가가 최근 20일 동안 매매한 투자자들의 평균 매매 단가를 뛰어넘었음을 뜻한다. 즉 최근 5일 동안 거래한 투자자들이 한 달 동안 거래된 평균 가격보다 더 높은 가격을 주고서라도 주식을 매수하고 있음을 의미한다. 매수에는 눈에 보이건 보이지 않건 분명한 이유가 있기 마련이다. 이처럼 단기 수급이 개선되고 있다는 것은 주가에 긍정적인 변화가 생겼을 가능성이 높음을 의미한다.

다. 밀집도 분석

　이동평균선은 응축과 확산을 반복하며 움직인다. 이것은 일종에 힘의 응축과 분산 과정이라 볼 수 있다. 이동평균선이 모인다는 것은 가격 움직임이 둔화되었음을 의미하고, 반대로 이동평균선이 벌어진다는 것은 가격 움직임이 활발해졌음을 의미한다.

　이동평균선의 밀집은 힘의 응축으로 볼 수 있다. 매수와 매도 세력의 힘이 매우 비슷해 서로 팽팽하게 대치 중인 것이다. 이러한 상황 속에서 어느 한쪽 세력이 우세해지는 순간 시세는 급격히 움직일 가능성이 높다. 특히, 장기에 걸쳐 바닥권에서 나타난 이동평균선의 밀집은 곧 추세 변화가 나타날 수 있는 구간이므로 관심을 갖고 지켜봐야 한다.

이동평균선 밀집 후 강한 상승 흐름을 나타냄 〈출처: 키움증권 HTS〉

반대로 이동평균선의 확산은 매수·매도 세력 중 어느 한쪽 세력으로 시세가 움직이고 있음을 뜻한다. 이동평균선 간격이 멀어지면 멀어질수록 과거 가격과 현재 가격의 격차가 커지게 된다. 주가는 계속해서 상승하거나 하락할 수 없다. 가격 격차가 커지면 커질수록 잠재 매수·매도 세력의 힘이 증가하게 되고 결국 이는 주가 조정으로 나타난다. 즉 이동평균선의 간격이 크게 벌어질수록 곧 주가 조정이 머지않았음을 의미한다.

라. MACD(Moving average convergence & divergence): 이동평균수렴·확산지수

이동평균선의 밀집도와 관계된 보조지표에는 MACD가 있다. MACD는 이동평균선의 확산과 수렴을 이용한 기술적 분석으로 MACD 값이 커질수록 이동평균선이 확산되고 있음을 뜻하며, MACD 값이 작아질수록 이동평균선이 수렴하고 있음을 뜻한다.

계산 방법

> MACD: 단기지수이동평균- 장기지수이동평균
> MACD signal: MACD의 N일지수이동평균
> MACD 오실레이터 = MACD - signal Line

MACD 선은 단기적인 의미로, MACD 시그널선은 장기적인 의미로 해석할 수 있다. 주가가 추세를 이루고 강하게 움직이기 시작하면 이동평균선 역시 같은 방향으로 움직이게 된다. 주가의 움직임이 강하면 강할수록 단기 이동평균선의 변화를 장기 이동평균선이 쫓아가지 못하게 되며 이에 따라 두 이동평균선 간 차이는 커지게 된다. 이러한 현상으로 인해 MACD 역시 빠르게 증가하게 된다.

MACD 오실레이터와 주가 〈출처: 키움증권 HTS〉

반면 강하게 움직이던 주가가 조정받기 시작하면 단기 이동평균선 역시 주가의 방향으로 빠르게 움직이게 되며 이에 따라 장단기 이동평균선 간 간격은 빠르게 감소한다. 이는 곧 MACD 값의 하락을 의미한다.

MACD는 시그널선과 오실레이터를 추가해 주가 변화에 대한 사전 민감도를 높였다. 시그널선이란 MACD의 N일 이동평균값을 연결한 선을 뜻한다. 쉽게 말해 MACD 선의 이동평균선이 되는 것이다. MACD오실레이터는 MACD에서 시그널의 값을 차감해 구하며 일반적으로 주가 조정에 한발 앞서 움직이는 모습을 나타낸다.

MACD오실레이터를 이용한 전통적인 매매 방법으로는 MACD 선이 시그널 선을 아래에서 위로 상승 돌파(골든크로스) 하면 매수하고, 하락(데드크로스) 돌파하면 매도하는 방법이 있다.

3) 이동평균선을 활용한 기본 매매 전략

이동평균선의 개념을 최초로 도입한 사람은 미국 출신의 그랜빌이라는 사람이다. 그는 주가와 이동평균선의 관계를 분석해 자신만의 매수·매도 시점을 만들었는데 이것이 유명한 '그랜빌의 8법칙'이다. 그랜빌은 주가와 이동평균선을 통해 각각 4개의 매수 시점과 매도 시점을 만들었다.

그랜빌의 매수 4법칙

1. 이동평균선이 하락이나 횡보하던 중 주가가 이동평균선을 상향 돌파할 때. 거래량이 동반될수록 신호의 강도가 더욱 높은 것으로 본다.

2. 이동평균선이 상승세에 있고, 이동평균선 위에 있던 주가가 일시적으로 이동평균선을 하향 돌파할 때. 상승 중인 이동평균선을 하향 돌파한다는 것은 조정 국면이 마무리 단계에 들어섰다는 의미로 해석하며, 이를 매수 신호로 본다.

3. 이동평균선을 향해 하락하던 주가가 이동평균선을 하향 돌파하지 않고 재차 상승하는 경우. 주가가 이동평균선 지지에 성공한 것으로 보고 매수한다.

4. 이동평균선보다 아래에 위치한 주가가 급락한 후 다시 이동평균선으로 접근할 때. 주가는 이동평균선으로 회귀하려는 성향이 있기 때문에 매수신호로 본다.

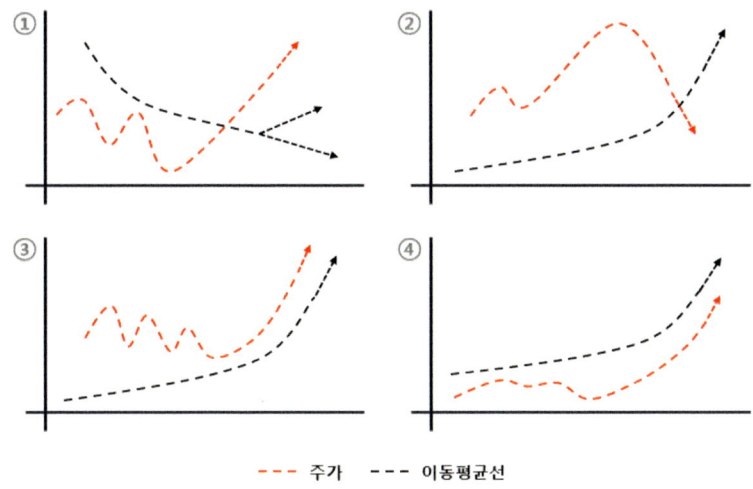

--- 주가   --- 이동평균선

그랜빌의 매도 4법칙

1. 상승하던 이동평균선이 횡보하거나 제한적 움직임을 보이다가 하락 전환하고, 주가는 이러한 이동평균선을 위에서 아래로 하향 돌파했을 때. 이동평균선의 움직임이 횡보나 하락 전환했다는 것은 이미 주가의 힘이 약해졌음을 의미하며 이 상황에서 이동평균선까지 하향 이탈한 경우에는 본격적인 약세장으로 보고 매도한다.

2 이동평균선이 계속해서 하락하고 있는 상황에서 이동평균선보다 아래 있던 주가가 이동평균선을 아래에서 위로 상향 돌파한 경우. 힘이 약한 주가가 이동평균선을 상향 돌파하는 것은 단기 반등의 마무리 신호로 보고 매도한다.

3. 이동평균선보다 아래에 위치한 주가가 상승하다 결국 이동평균선을 돌파하지 못하고 다시 하락 전환했을 때. 이 경우 이동평균선은 주가의 저항선으로 작용하므로 돌파에 실패한 것은 하락 추세의 지속으로 보고 매도한다.

4. 이동평균선과 함께 상승하던 주가가 급등하며 이동평균선과의 이격도가 높아져 반락할 기미를 보일 때. 주가는 이동평균선으로 회귀하려는 성질이 있기 때문에 이 같은 시점을 단기 매도 시점으로 본다.

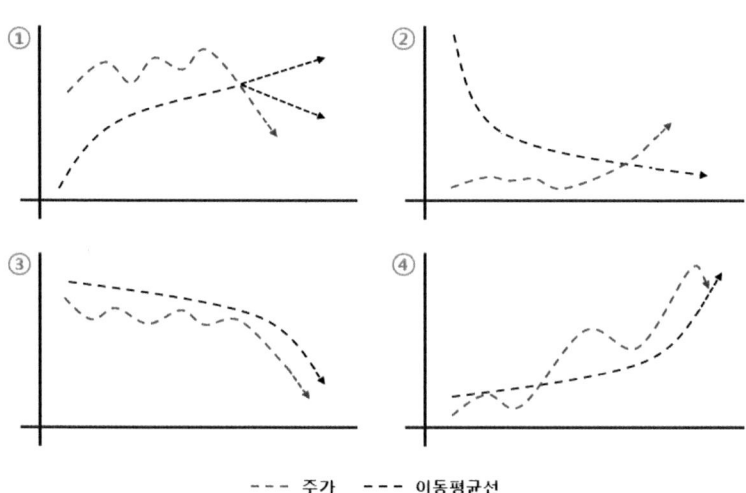

--- 주가   --- 이동평균선

4) 이동평균선을 활용한 나만의 매매 시점

나는 이동평균선을 통해 매매 전략을 세우기보다는 이동평균선을 통해 추세를 파악하는데 더욱 중점을 둔다.

첫 번째로 이동평균선 분석에서 가장 주의 깊게 보는 것은 20일 이동평균선이다. 앞서 말했듯 기술적 분석의 최종 목표는 추세에 올라타는 것이다. 이러한 추세 파악에서 20일 이동평균선은 생명선이라 불릴 만큼 그 효용이 매우 크다.

주가는 상승할 때마다 차익실현 매물 등으로 인해 조정을 겪기 마련이다. 이때 추세의 생사를 판단하는 선이 바로 20일선이다. 추세가 살아 있는 종목은 주가 조정 시에도 20일선 근처에서 강력한 지지를 받는 반면, 추세가 꺾어버린 종목은 주가 조정 시 20일선을 힘없이 무너뜨리고 하락하는 경우가 많다.

두 번째로 중요하게 보는 점은 바로 이동평균선의 배열도다. 박스권 돌파에 따른 매수 시점이 발생했다 하더라도 이동평균선이 역배열인 상태에서는 많은 금액을 매수하지 않는다. 모든 저항을 뚫어버릴 만큼 강력한 재료가 아닌 이상 저항선으로 작용하는 이동평균선으로 인해 주가가 제자리로 돌아올 가능성이 높다.

주가가 역배열 상태를 나타내고 있다는 것은 과거에 매수한 대다수 투자자들이 손실 상태임을 의미한다. 때문에 주가가 상승할 때마다 이미 손실 중인 투자자들이 본전 심리에 의해 매도 물량을 내놓기 마련이다. 결국 이 같은 이유로 역배열 상태에서는 주가가 상승할 때마다 이동평균선이 커다란 걸림돌로 작용한다.

세 번째로 주식을 매수할 때에는 되도록 이동평균선이 밀집한 구간을 노린다. 정배열이나 역배열 상태가 아니라 출발점에서의 매수를 노리는 것이다. 이후 주가가 상승 추세에 안착해 정배열 상태를 나타내기 시작하면 추가로 자금을 투입해 비중을 높이는 전략을 취한다. 한번 형성된 추세는 쉽사리 꺾이지 않기 때문이다.

한편, MACD는 다이버전스 분석을 통해 주가의 추세 변환을 파악하는 데 활용한다. 주가가 추세를 형성해 움직이기 시작하면 MACD 역시 주가와 같은 방향으로 움직이기 시작한다. 주가와 MACD가 같은 방향으로 움직인다면 추세 유지로 본다. 그러나 주가는 상승세를 기록 중인데 MACD 기울기가 하락세로 돌아섰다면 추세전환에 대한 경고로 본다. 소위 말하는 다이버전스다. 주가의 방향과 지표의 방향이 서로 다른 방향을 가리키는 것은 추세의 힘이 약해졌음을 뜻하며 이는 조만간 추세의 전환이 나타날 수 있음을 뜻한다.

2. 거래량 분석

1) 거래량이란

> 거래량은 기차를 움직이는 증기다.
>
> - 조셉 그랜빌

나는 기술적 분석에서 가장 중요한 1가지만 뽑으라면 주저 없이 거래량을 뽑을 것이다. 그만큼 기술적 분석에서 거래량이 갖는 의미는 매우 크다. 기술적 분석은 앞서 설명하였듯 절대적 신호가 아닌 상대적 신호다. 이에 따라 기술적 분석마다 정확도가 다른데 이중 거래량만큼은 주식시장을 해석하는 데 있어서 정확도가 매우 높다.

우선 거래량이란 매도·매수자 간에 얼마만큼의 거래가 진행되었는지를 나타내는 지표이다. 거래량 1주는 매수 1주, 매도 1주를 뜻한다. 즉 거래량 10,000주가 발생했다는 것은 매도 10,000주와 매수 10,000주가 발생했음을 의미한다.

흔히 말하는 세력은 특정 종목을 매집할 때 대중의 이목을 피해 매집하기를 원한다. 때문에 주가를 매집할 때는 종가 관리나 가격 되돌리기 등 가격 조정을 통해 최대한 주식시장의 이목을 끌지 않으려 애쓴다. 그러나 이러한 상황에서도 거래량 만큼은 속일 수 없다.

2) 거래량 증가의 의미

거래량 지표를 이해하기 위해서는 거래의 기본적 특성부터 이해해야 한다. 일상생활을 예로 들어보자. 백화점 세일 기간에는 평상시보다 많은 고객이 몰리기 마련이다. 고객들이 몰리는 원인은 더 싼 가격으로 제품을 구매할 수 있기 때문이다. 즉 평소와는 색다른 이슈가 발생한 것이다.

주식시장에서도 이 같은 원리가 동일하게 작동한다. 거래량이 증가했다는 말은 쉽게 말해 투자자들의 관심이 높아졌음을 의미한다. 투자자들의 관심이 높아졌다는 것은 주가 움직임 역시 가속화될 가능성이 높아졌다는 것을 뜻한다.

설사 주식시장에서 대량 거래가 발생할 만한 내용이나 이슈가 없다 할지라도 눈에 띌 정도의 대량 거래가 지속된다면 변화의 조짐으로 보고 관심을 갖고 지켜봐야 한다.

회사 내부자가 되었건, 기관투자자가 되었건, 개인투자자가 되었건 주식시장에서 거래된 주식은 모두 동일하게 집계된다. 따라서 대량 거래가 발생했다는 것은 반드시 누군가가 거래를 하고 있음을 의미하고 이는 조만간 주가에도 변화가 발생할 가능성이 높음을 뜻한다. 따라서 종전에 없던 커다란 거래량이 지속적으로 나타난다면 반드시 눈여겨봐야 한다.

3) 거래량과 가격의 관계

앞서 말했듯 거래량 증가는 그만큼 매도 세력과 매수 세력의 의견이 상반된다는 것을 의미한다. 거래량이 매수 세력과 매도 세력의 힘 싸움의 정도를 나타내는 것이라면, 가격(등락률)은 매수 세력과 매도 세력의 힘 싸움 속에서 어느 쪽이 승리했는지를 보여주는 결과값이다. 매수 세력이 승리하면 당연히 주가는 상승하게 되고 반대로 매도 세력이 승리했다면 당연히 주가는 하락하게 된다.

대량의 거래량 발생과 함께 가격이 급등했다면, 이것은 매수 세력과 매도 세력의 치열한 싸움 끝에 매수 세력이 크게 승리했음을 의미한다. 반대로 대량의 거래량과 함께 가격 급락이 나타났다면 이는 치열한 공방 끝에 매도 세력이 승리했음을 의미한다.

대량의 거래량이 발생한 시점에서 가격 변동폭이 크면 클수록 승리한 세력의 힘이 더욱 강했다는 것을 의미한다. 5% 상승보다는 10% 상승 때 매수 세력의 힘이 더욱 강했음을 의미하며, 10% 상승보다는 20% 상승 때 매수 세력의 힘이 더욱 강했음을 의미한다.

거래량 증가와 함께 나타난 장대양봉 및 장대음봉이 중요한 이유가 바로 여기에 있다. 대량의 거래량과 함께 발생한 장대 양봉 및 장대 음봉은 그만큼 매수 세력과 매도 세력의 치열한 힘 싸움 끝에 결과적으로 어느 세력이 승리했는지를 알려주는 중요한 지표이다.

예를 들어 주가 상승을 전망하는 매수 세력이 전체 주식의 50%를 갖고 있고, 주가 하락을 전망하는 매도 세력이 전체 주식의 50%를 갖고 있다고 가정해 보자. 매수 세력은 계속해서 주식을 매수하려 하고, 반대로 매도 세력은 보유한 주식을 매도하려 했다. 두 세력 간의 치열한 접전 끝에 매수 세력이 매도 세력을 압도하며 주가는 대량의 거래량과 함께 장대 양봉을 만들며 마감했다. 두 세력 간의 싸움으로 매수 세력은 전체 주식의 80%를 보유하게 되었고 매도 세력은 전체 주식의 20% 정도만을 보유하게 되었다.

이 경우 당분간 매수 세력이 매도 세력으로 돌아서서 보유 주식을 매도하지 않는 이상 주식시장에 매물이 출회될 가능성은 낮다. 따라서 자연스럽게 매도세가 줄어들고 주가는 하락보다 상승할 가능성이 더욱 높아지게 된다.

이 같은 이유로 대량의 거래량과 함께 발생한 장대 양봉·음봉은 주가의 추세 판별에 중요한 정보를 준다. 차트를 접목해 설명해보자. 상승 추세에 있던 주가의 고점에서 대량의 거래량과 함께 장대 음봉 혹은 피뢰침 차트가 발생했다면 이는 매우 위험한 신호로 봐야 한다. 대량의 거래량과 함께 발생한 장대 음봉 자체로 이미 매도 세력이 매수 세력을 크게 압도했음을 의미한다. 이는 기존의 상승 추세가 꺾일 가능성이 높다는 뜻이다.

〈21년 1월 대량의 거래량과 함께 피뢰침 차트가 발생, 출처: 키움증권 HTS〉

상승 추세에 있던 차트에 2021년 1월 11일 강한 대량의 거래량과 함께 피뢰침 차트가 발생하면서 추세의 상승을 마감하였다.

이와 같은 맥락으로 하락 추세에 있던 주가의 저점에서 대량의 거래량과 함께 장대 양봉 또는 망치형 차트가 나타났다면 이는 매우 긍정적인 신호로 봐야 한다. 그동안의 매도 물량의 소화가 끝나 매 수세력이 매도 세력을 압도했음을 의미하기 때문이다. 따라서 주가는 하락 추세에서 벗어나 상승할 가능성이 더욱 크다.

3. 캔들 분석

1) 캔들 차트란

캔들 차트는 거래의 신이라 불리는 일본 혼마 무네히사가 창시하였다. 캔들 차트는 기본적으로 당일 시가 고가 저가 종가를 표시한다. 시가와 종가는 몸통으로 표시하며 당일 고가와 저가는 꼬리를 통해 표시한다. 몸통은 양봉과 음봉으로 구분되는데 양봉의 경우 당일 종가가 시가보다 높은 경우이며, 음봉의 경우는 당일 종가가 시가보다 낮은 경우다. 꼬리는 윗꼬리와 아래 꼬리로 구분된다. 윗꼬리는 당일 가격 중 제일 높은 가격을 표시하며 아래 꼬리는 당일 가격 중 제일 낮은 가격을 표시한다.

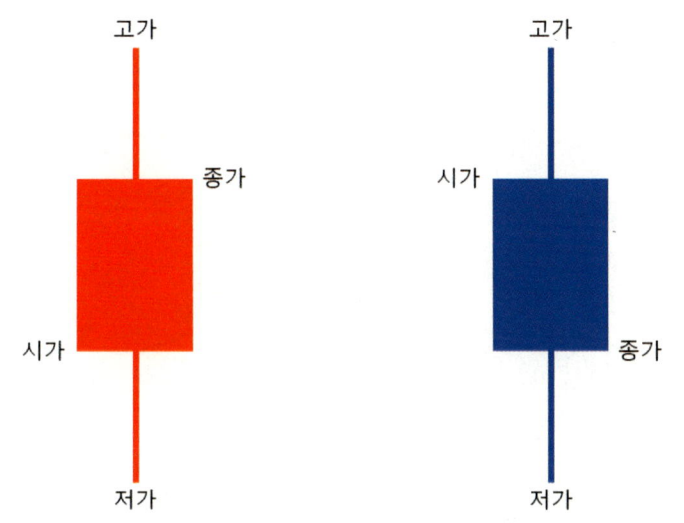

2) 캔들 차트의 속성

가. 몸통

캔들 차트에서 몸통은 매수·매도 세력 간의 힘을 보여준다. 기본적으로 캔들의 몸통은 시가와 종가로 구성되어 있으며, 몸통의 크기는 당일 시가와 종가의 차이를 보여준다. 몸통이 크다는 것은 시가와 저가의 차이가 크다는 것을 뜻하며, 이 뜻은 주가가 한 방향으로 움직였을 가능성이 높음을 의미한다.

주가가 순식간에 급등락하는 특이 상황이 아니라면, 장대 양봉은 장중 내내 주가가 상승했음을 나타내며, 장대 음봉은 장중 내내 하락했음을 의미한다. 즉 몸통이 크면 클수록 매수와 매도 세력 간의 싸움에서 계속해서 한쪽이 승리했음을 뜻한다.

반대로 몸통이 짧으면 짧을수록 당일 시가와 종가 차이가 그만큼 적었음을 의미한다. 몸통이 극단적으로 짧을 경우 시가와 종가가 같은 모습을 나타내는데, 장중 등락 끝에 결국 시가와 종가가 같았음을 의미한다. 즉 매수와 매도 세력 간의 힘이 비슷했음을 뜻한다. 물론 점 상한가나 점 하한가와 같은 특수한 경우는 예외로 한다.

나. 꼬리

캔들 차트의 꼬리 길이는 매수 세력과 매도 세력간의 싸움을 보여준다. 먼저 윗꼬리의 가장 윗부분은 당일 주가의 최고가를 뜻한다. 반대로 아래 꼬리의 가장 아랫부분은 당일 주가의 최저가를 뜻한다. 윗꼬리와 아래 꼬리의 차이가 크면 클수록 당일 등락 폭이 그만큼 컸음을 의미한다. 결국 꼬리의 길이는 주가 변동성을 나타낸다.

꼬리의 길이가 길면 길수록 좀 더 세분화해 볼 필요가 있다. 일봉의 경우 30분봉이나 60분봉으로 당일 주가 흐름을 세분해 보는 것이다. 예를 들어 피뢰침 차트의 경우를 생각해 보자. 'ㅗ' 차트는 당일 주가가 급등했다가 결국 제자리로 돌아왔음을 뜻한다. 이를 두 개의 캔들로 표시하면 장대 양봉 + 장대 음봉으로 표시할 수 있다.

이때 두 개의 양봉과 음봉 중에 거래량이 많이 발생한 봉에 집중할 필요가 있다. 당연히 음봉에 거래량이 많다면 매도 세력의 승리가 확실하며 주가는 향후 상승보다는 하락의 가능성에 무게를 둘 필요가 있다. 그러나 반대로 양봉에 더 많은 거래량이 실려 있다면 주가 조정 정도로 해석할 필요가 있다.

3) 일반적 캔들 차트의 종류

롱 바디 양봉

시가와 종가 차이가 큰 캔들 차트로 하루 종일 매수세가 강한 형태. 저가권에서 대량의 거래량을 수반하며 출현할 경우 상승 전환에 대한 의미가 커진다. 그밖에 경우 저가 매수세가 출현할 때 자주 등장한다.

롱 바디 음봉

시가와 종가 차이가 큰 캔들 차트로 하루 종일 매도세가 강한 형태. 고가권에서 대량의 거래량을 수반하며 출현할 경우 하락 전환에 대한 의미가 커진다. 상승 추세에서 차익 매물이 출회될 때 자주 등장한다.

숏 바디 양봉

매수와 매도가 균형을 이루면서 매수가 약간 우위에 있는 형태. 계속해서 롱바디 양봉이 이어지던 주가가 숏바디로 전환되면 상승 탄력이 둔화된 것으로 해석할 수 있다.

숏 바디 음봉

매수와 매도가 균형을 이루면서 매도가 약간 우위에 있는 형태. 계속해서 롱바디 음봉을 나타내던 주가가 숏바디로 전환 시 하락 탄력이 둔화된 것으로 볼 수 있다. 고가권에서는 하락에 대한 예측으로 사용되며 저가권에서는 하락폭 둔화 정도로 해석한다.

장대 양봉

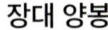

개장과 동시에 강한 매수세가 몰리면서 하루 종일 상승세를 나타내다 마무리한 경우. 상승 탄력이 강화된 형태로 상승 흐름이 이어질 가능성이 크다. 저가권에서 대량 거래량과 함께 발생 시 추세전환 의미가 크다.

장대 음봉

개장과 동시에 강한 매도세가 몰리면서 하루 종일 하락세를 나타내다 마무리한 경우. 하락세가 강한 형태로 하락 흐름을 이어갈 가능성이 크다. 고가권에서 대량 거래량과 함께 발생 시 추세전환 의미가 크다.

아래 꼬리 장대 양봉

장 초반 차익실현 매물로 잠시 하락세를 보였으나, 곧바로 대기 매수세에 의해 상승 전환한 뒤 장중 내내 상승세를 나타낸 형태. 주로 급등 중인 종목에서 자주 발생하며, 몸통이 길수록 강한 매수세가 나타났음을 의미한다.

윗꼬리 장대 음봉

장 초반 잠시 상승세를 나타내다 매도물량이 출회되며 장중 낙폭을 확대한 형태. 하락 추세가 진행 중인 상태에서 자주 나타난다. 장 초반 급락에 따른 반발매수세가 들어오나 이내 강한 매도세로 인해 주가는 약세를 나타내는 형태다. 윗 꼬리가 길면 길수록 대기 중인 매도 물량이 많다고 볼 수 있다.

윗꼬리 장대 양봉

개장부터 하루 종일 강한 상승세를 나타내다, 고가권에서 매도세가 출회되며 당일 종가가 약간 밀린 형태. 일봉의 경우 분봉으로 세분화해서 볼 필요가 있다. 고가권의 매도세가 장 막판 대량의 거래량과 함께 발생했다면 하락 반전까지 고려해야 한다. 반대로 거래량이 미미한 급등에 따른 조정인 경우 상승세가 살아있는 것으로 봐야 한다.

아래 꼬리 장대 음봉

장 초반부터 매도 물량이 출회되며 장중 내내 하락세를 보이다가, 장 막판 저가 매수세가 유입되며 소폭 반등에 성공한 형태. 고가권에서 발생한 경우 하락반전 신호일 가능성이 높으나 저가권에서 발생한 경우 추세 반전의 신호일 가능성이 높다. 아래 꼬리의 길이가 길수록 이러한 의미는 커진다.

십자형

매도 세력과 매수 세력의 힘이 비슷한 형태. 시가와 종가가 같거나 거의 비슷하다. 보통 거래량이 적고 침체된 국면에서 잘 나타난다. 그러나 추세의 진행 중에 대량의 거래량과 함께 발생했다면 추세 전환의 신호일 가능성이 높다.

하이웨이브 캔들

매도와 매수의 치열한 공방 끝에 매도세가 승리한 형태. 몸통에 비해 2~3배 긴 꼬리가 형성되며, 대량의 거래량과 함께 나타날 경우 추세 전환 신호가 될 수 있다. 저가권에서는 상승 가능성이 크고, 고가권에서는 하락 가능성이 크다.

잠자리형

강한 매도세가 출회되며 주가가 크게 하락했으나, 이후 상승 반전에 성공하며 주가가 원래 자리로 돌아온 형태. 보통 거래량이 적고 침체 국면에서 잘 나타난다. 이전 추세가 하락 추세였다면 상승 추세로 전환될 가능성이 크고 반대로 상승 추세였다면 하락 추세로 전환할 가능성이 크다. 아래 꼬리가 길수록 이 같은 의미는 강해진다.

비석 십자형

강한 매수세가 몰리며 주가가 높은 상승세를 나타냈으나, 곧 매수세를 압도하는 매도 물량이 출회되며 주가가 원래 자리로 돌아오는 형태. 보통 거래량이 적고 침체 국면에서 자주 나타난다. 그러나 추세의 고점에서 출현 시 의미가 크다. 위꼬리가 길고 천정에서 발생하면 할수록 하락 추세로 전환될 가능성이 크다.

포프라이스 도지

점상한가 또는 점하안가로 수급보다는 재료에 의해 급격한 가격변동이 발생할 때 나타난다.

별 형

매도세와 매수세가 균형을 이뤄 캔들의 몸통이 상당히 작거나 거의 없는 형태. 고가권이나 저가권에서 몸통이 짧을수록 추세 반전 가능성이 높다.

4) 하락 추세에서 상승 추세로의 전환 캔들

하락 추세에 놓여있던 주가에 아래와 같은 캔들이 나타날 경우 상승 추세로의 전환 가능성이 높아진 것으로 보고 있다. 아래에 설명한 캔들의 기본 전제조건은 하락 추세 중에 나타난 것을 가정으로 한다.

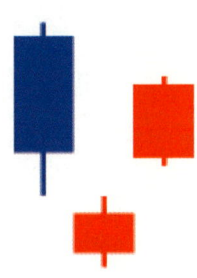
샛별형

첫째 날 롱바디 음봉 이후 둘째 날 갭하락하며 몸체가 작은 양봉을 나타낸 후 셋째 날 롱바디 양봉을 나타내는 형태. 둘째 날 매수와 매도자 사이에 교착상태를 나타낸다. 상승 추세에서의 샛별형은 매도 세력의 강화를 나타내며, 반대로 하락 추세에서의 샛별형은 매수 세력의 강화를 나타낸다.

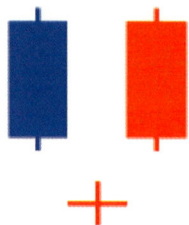

샛별 십자형

샛별형 차트와 비교했을 때 둘째 날 캔들에 십자형이 출현하는 점에서 차이가 있다. 이러한 형태는 샛별형보다 신뢰성이 더욱 높아 더 큰 추세 전환의 신호로 해석할 수 있다.

기아형

가운데 십자 캔들이 두 개의 롱바디 캔들 사이에서 버려진 것처럼 보인다 해서 붙여진 이름이다. 출현 빈도는 낮으나 추세 전환의 신호가 매우 강하다. 특히, 십자 캔들의 갭이 크면 클수록 의미가 강하다.

상승 샅바형

장중 내내 상승세를 확대하다 소폭의 매도세에 의해 윗 꼬리를 형성하며 마감하는 형태. 하락 추세 중에 나타날 경우 추세 전환 가능성이 높은 패턴이다. 몸통의 길이가 길수록 대량의 거래량이 발생할수록 신뢰도가 높아진다.

망치형(하락 추세 중에 발생)

급격한 매도세에 의해 낙폭을 확대하던 주가가 이후 상승세로 돌아서며 장중 모든 낙폭을 메꾸고 시가 대비 상승 마감하는 형태. 몸통보다는 꼬리의 길이가 중요하며 꼬리의 길이가 길수록 거래량이 많을수록 신뢰도가 높아진다. 하락 추세의 마무리 국면에서 발생할 경우 강력한 추세 전환 신호로 본다.

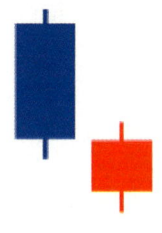

상승 반격형

상반된 두 개의 캔들로 이뤄져 있으며 두 번째 캔들의 종가가 첫 번째 캔들의 종가와 비슷한 곳에서 마무리된다. 두 번째 캔들의 시가가 낮게 형성될수록 추세 반전 신호가 크다.

관통형

두 개의 몸통이 긴 캔들로 이뤄져 있으며, 두 번째 양봉이 첫 번째 음봉의 몸통을 관통하며 상승하는 형태를 보인다. 이때 두 번째 양봉의 종가가 첫 번째 음봉의 몸통 절반 이상을 상향 돌파해야 한다. 하락 추세에서 저가 매력이 부각되어 매수세가 유입된 형태로 상승반격형보다 상승 전환 가능성이 높다.

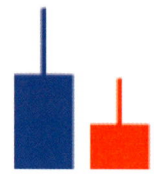

집게 바닥형

하락 추세에 있던 두 개 이상의 캔들이 더 이상 저점을 갱신하지 못하고 저가와 일치시키는 형태를 보이는 패턴. 이러한 형태가 많을수록 상승할 가능성이 크다.

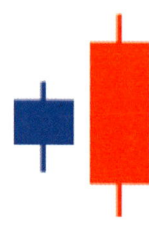

상승 장악형

첫 번째 음봉을 두 번째 양봉의 몸통이 완전히 감싸고 있는 형태. 비교적 빈번하게 발생하며, 하락 추세 마지막에 이 같은 형태가 나타날 경우 강력한 상승 반전으로 본다. 특히 두 번째 양봉의 길이가 길수록, 대량 거래가 발생할수록 이 같은 의미는 더욱 커진다.

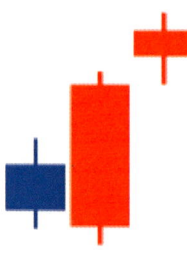

상승 장악 확인형

상승장악형 캔들이 출현한 뒤 세 번째 캔들에서 강세 전환을 확인해 주는 패턴. 세 번째 캔들의 종가는 첫째 날 시가와 둘째 날 종가를 모두 넘어 상승 마감하는 패턴이다. 특히, 둘째 날 양봉에서 대량의 거래량이 동반된 후 이 같은 패턴이 나타나면 상승 추세가 강력한 것으로 본다.

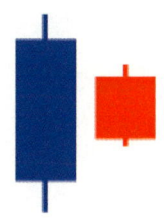

상승 잉태형

첫 번째 음봉이 두 번째 양봉을 전체로 감싸는 형태. 하락 추세 진행 중 이같은 패턴이 나타날 경우 상승전환 가능성이 높아진 것으로 본다. 그러나 계속해서 하락 추세가 진행될 경우 하락 추세가 더욱 강화된 것으로 본다. 두 번째 캔들의 몸통과 윗꼬리가 작을수록, 아래 꼬리가 길수록 추세 전환의 신호로 의미가 크다.

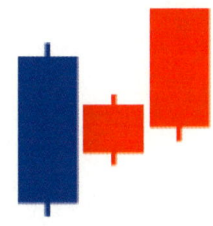

상승 잉태 확인형

상승 잉태형 캔들이 발생한 이후 커다란 양봉 캔들이 나타남으로써 상승을 확인시켜주는 패턴. 세 번째 캔들의 종가가 첫 번째 캔들의 시가 및 두 번째 캔들의 종가를 초과해 마감하는 패턴이다. 이전까지의 하락 추세를 마감하고 상승 추세로 전환할 가능성이 높은 패턴이다.

상승 십자 잉태형

상승 잉태형과 마찬가지로 첫 번째 음봉이 두 번째 양봉의 전체를 감싸는 형태. 다만 두 번째 양봉이 십자 형태를 나타냄. 상승 추세에서는 강력한 하락 전환 신호로, 하락 추세에서는 상승 전환 신호로 본다. 그러나 상승 잉태형과 마찬가지로 반등에 상승하지 못하면 오히려 더 큰 폭의 하락으로 이어질 가능성이 크다.

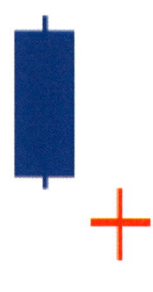

상승 십자별형

긴 음봉 이후 짧은 십자형 캔들이 들어선 형태. 하락 추세에 있던 주가가 매수와 매도의 균형 상태에 들어섰다는 것을 의미한다. 이에 따라 조만간 추세 반전 가능성이 있다. 그러나 이후 상승 반전하지 못하면 이전의 하락 추세가 더욱 강화될 수 있다.

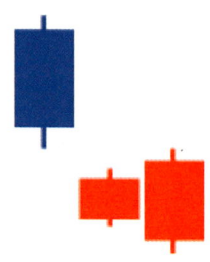

상승 까마귀형

첫 번째 음봉 이후, 두 번째와 세 번째 캔들이 각각 갭 하락으로 출발했으나 당일에는 상승세를 보이며 반등에 성공하는 패턴이다. 다만 세 번째 캔들의 종가는 첫 번째 캔들의 종가를 돌파하지 못하고 그 아래에서 마감되는 형태다.

5) 상승 추세에서 하락 추세로의 전환 캔들

상승 추세에 놓여있던 주가에서 아래와 같은 캔들이 나타날 경우 하락 추세로 전환될 가능성이 생긴 것으로 본다. 아래에 설명한 캔들의 기본 전제조건은 상승 추세 중에 나타난 것을 가정으로 한다.

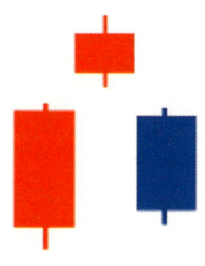

석별형

샛별형과 반대의 모양과 의미를 갖는 형태. 첫 번째 양봉 이후 두 번째 캔들에서 갭상승과 함께 짧은 양봉이 나타난다. 이어 세 번째 음봉에서 갭 하락이 발생해, 첫 번째 양봉의 몸통 절반 이하까지 하락하는 형태다. 이는 상승 추세에 있던 주가가 하락 추세로 반전될 가능성이 높은 신호로 해석된다.

십자 석별형

두 번째 캔들에서 스타형이 아닌 십자형이 나타난다는 점에서 석별형과 차이가 있다. 세 번째 음봉이 두 번째 십자형 캔들과 겹치는 부분이 없는 형태다. 일반적으로 두 번째 갭의 크기가 클수록 강력한 하락 추세로 전환 신호로 해석된다.

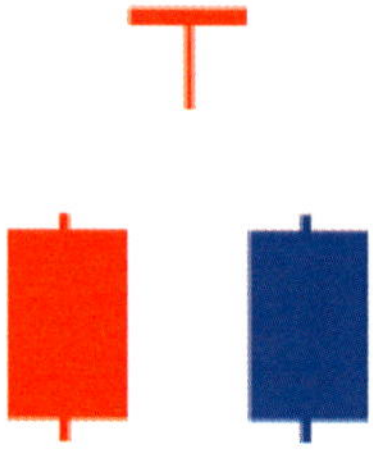

하락 기아형

십자 석별형에서 두 번째 캔들에서 갭이 크게 발생한 경우. 출현 빈도는 낮으나 추세 전환 강도는 높다고 할 수 있다. 주로 주변 증시 환경과 개별 종목의 분위기가 다른 상황에서 발생한다.

하락 샅바형

장 초반부터 강한 매도세가 유입되며 장중 내내 하락세를 보이다가, 장 막판 저가매수세에 의해 아래 꼬리를 형성하며 마감하는 형태. 몸통의 길이가 길수록 신뢰도가 높으며, 상승 추세 마지막 국면에서 주로 발생하며 하락 전환 가능성이 높다.

교수형(상승 추세 중에 발생)

급등 국면이나 상승 국면의 최고점에서 나타나며 짧은 몸통과 긴 아래 꼬리를 형성하며 추가 상승에 실패하여 이후 하락 반전될 확률이 높은 패턴이다. 꼬리가 길수록 신호의 의미가 크다.

하락 반격형

상반된 두 개의 캔들로 이뤄져 있으며 두 번째 캔들의 종가가 첫 번째 캔들의 종가와 비슷한 곳에서 마무리된다. 상승 추세를 이어오던 주가가 높은 시가를 형성한 뒤 장중 하락 전환해 전일 시가와 거의 비슷한 가격에서 종가를 형성한다.

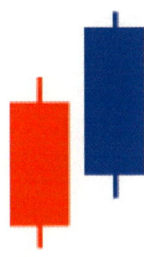

흑운형

두 개의 몸통이 긴 캔들로 이뤄져 있으며, 두 번째 음봉이 첫 번째 양봉의 몸통을 관통하며 하락하는 모습을 나타낸다. 상승 추세에 있던 주가의 매수 강도가 약해지며 이에 따라 대기 중이던 강력한 매도 세력이 등장함에 따라 나타나는 형태.

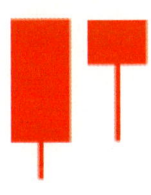

집게 천정형

상승 추세에 있던 두 개 또는 그 이상의 캔들이 더 이상 고점을 갱신하지 못하면서 고가와 일치시키는 형태를 보이는 패턴. 이러한 형태가 많을수록 하락할 가능성이 크다.

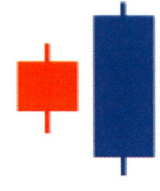

하락 장악형

첫 번째 양봉 이후 두 번째 음봉의 몸통이 완전히 감싸고 있는 형태. 두 번째 음봉의 길이가 길수록 대량 거래가 발생할수록 하락 전환의 가능성이 높다.

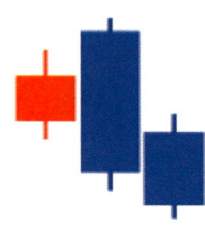

하락 장악 확인형

하락 장악형 캔들이 발생한 이후 세 번째 음봉이 발생하며 하락 신호를 확인해 주는 패턴. 대량의 거래량이 계속해서 발생하며 이 같은 캔들이 나타날 경우 강력한 하락 추세의 신호로 해석할 수 있다.

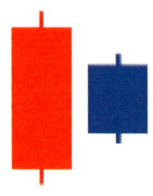

하락 잉태형

첫 번째 양봉이 두 번째 음봉의 전체를 감싸는 형태. 하락 반전형 캔들로써 주가의 상승 추세가 진행된 이후 이 패턴이 나타나면 하락 추세로 반전될 가능성이 높다. 다만 계속해서 상승세가 나타날 경우 상승세가 더욱 강화될 가능성이 있다.

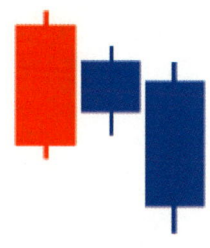

하락 잉태 확인형

두 개의 캔들이 하락 잉태형으로 나타나고 세 번째 캔들이 약세 전환을 확인해 주는 패턴. 세 번째 캔들의 종가는 첫 번째 캔들의 시가와 두 번째 캔들의 종가보다 큰 하락세를 기록하며 마감하는 형태다. 상승 추세를 마감하고 하락 추세로 전환될 가능성이 높으며 세 번째 음봉의 길이가 길면 길수록 의미가 강해진다.

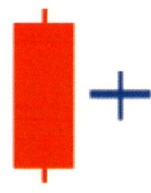

하락 십자 잉태형

하락 잉태형과 마찬가지로 첫 번째 양봉이 두 번째 음봉의 전체를 감싸는 형태. 강력한 하락의 신호는 되지 못하나 패턴의 변화가 생길 가능성이 있다. 다만, 이러한 패턴이 출현한 후에 주가가 하락 반전되지 않는다면 기존의 상승 추세가 더욱 강화될 가능성이 크다.

하락 십자별형

긴 양봉 이후 짧은 십자형 캔들이 들어선 형태. 상승 추세에 있던 주가가 매수와 매도의 균형 상태를 이루며 십자형 캔들을 형성한다. 확실한 반전 신호는 아니며 추세 반전에 실패한 경우 이전의 상승 추세가 더욱 강화될 수 있다.

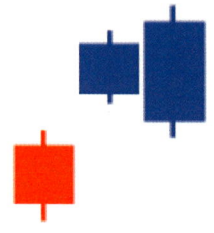

하락 까마귀형

첫 번째 양봉 이후 두 번째 세 번째 캔들에서 각각 갭 상승 출발하나 재차 하락세를 나타내며 하락 전환하는 패턴.

일반적으로 매도세가 강화되어 주가 상승에 부담으로 이어져 상당 폭의 하락 조정이 예상되는 상황이다.

4. 기타 기술적 분석

그동안 주식시장에 알려진 기술적 분석은 수 없이 많다. HTS를 켜고 차트 분석에 들어가 기술적 지표를 클릭하면 ADX부터 DMI, PSAR 등 이름조차 알 수 없는 수많은 종류의 기술적 지표들을 볼 수 있다. 또한, 차트의 형태도 기본적인 캔들 차트부터, 선차트, P&F 차트, 삼선전환도, 역시게 곡선 등 수많은 형태의 차트로 바꿔 볼 수 있다.

초창기 기술적 분석에 심취해 있던 시절 나는 모든 기술적 분석을 알고자 열심히 공부한 바 있다. 그 결과 다양한 기술적 분석에 대해 공부할 수는 있었으나 매매에는 전혀 도움이 되지 못했다. 아래 화면은 실제로 초창기 내가 매매할 때 본 화면이다. 볼린저 밴드, 일목균형표, RSI, MACD 오실레이터 등 수많은 기술적 분석을 띄워놓고 보고 있었다. 지금에서야 하는 말이지만 나는 저 화면을 제대로 이해조차 하지 못하고 있었다. 단순히 더 많은 기술적 분석을 확인할수록 더 높은 수익으로 이어질 거라는 막연한 기대감에 저런 화면을 띄워놓고 있었다. 그러나 저렇게 복잡한 화면은 오히려 나에게 혼란만 가중시켰다.

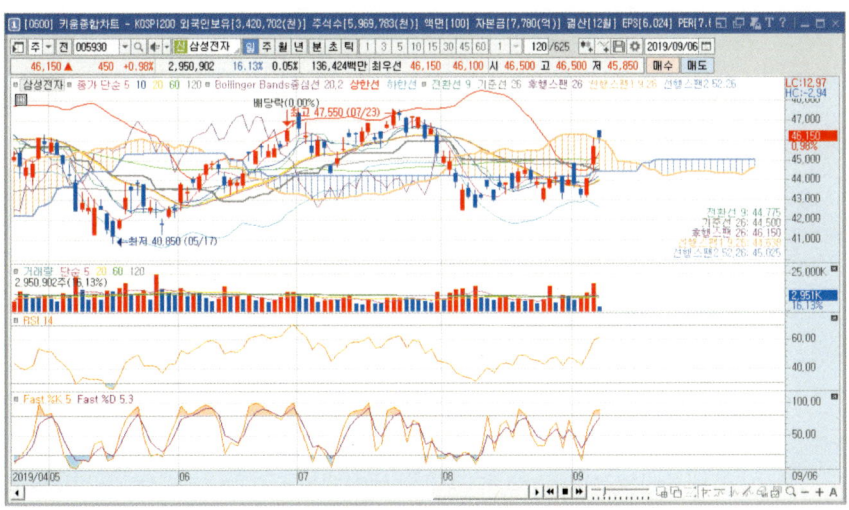

과거 매매 화면 〈출처: 키움증권 HTS〉

나의 투자원칙 중 하나인 "Simple is beauty"를 적용해 과감히 나에게 필요한 기술적 분석만을 남기기로 마음먹었다. 그 결과 나의 화면에 남은 기술적 분석은 이동평균선, 거래량, 캔들 차트, 볼린저밴드 뿐이다. 여기서 내가 주로 확인하는 볼린저밴드만 간단히 알아보자.

1) 볼린저밴드

가. 볼린저밴드란

 80년대 초반 존 볼린저 라는 사람이 고안한 지표로 그의 이름을 따서 볼린저밴드라고 부른다. 볼린저밴드는 1개의 이동평균선과 이를 바탕으로 계산된 2개의 선으로 구성되어 있다. 볼린저밴드는 이동평균선에 표준편차를 접목시켜 만든 지표로 이동평균선보다 한 단계 발전된 개념으로 볼 수 있다.

 내가 볼린저밴드를 선호하는 이유는 추세 판별에 유용한 정보를 제공하기 때문이다. 특히 볼린저밴드는 주가가 추세를 형성했는지 그렇지 않은지 한눈에 볼 수 있게 해준다. 주가가 비추세 구간에서 힘이 약해지면 밴드의 폭이 좁아지고, 반대로 추세를 형성해 힘이 강해지면 밴드의 폭이 넓어진다. 이 같은 모습이 한눈에 들어오기 때문에 쉽게 추세를 확인할 수 있다.

계산 방법

> 중심선(ma) = 통상 20일 이동평균선
> 밴드 = ma(moving average) ± [K x 표준편차]
> 여기서 K값은 통상적으로 2를 사용한다.

표준편차란 관측값의 편차를 나타내는 값으로 기간 내 모든 주가 상승률이 같을 경우 표준편차는 0이 되며(편차가 없다) 주가 변동폭이 커질수록 표준편차는 증가하게 된다. 이러한 특성으로 주가(관측값) 차이가 클수록 표준편차가 커지게 되고, 밴드의 상·하한선 값도 비례해서 증가한다.

볼린저밴드 적용 화면 〈출처: 키움증권 HTS〉

요약하자면 주가의 변동성이 커지면 표준편차가 증가해 밴드 폭이 넓어지고 주가의 변동폭이 작으면 밴드의 폭 역시 좁아지는 것이다. 하락하던 주가가 상승하거나 상승하던 주가가 하락하는 것과 같이 주가가 갑자기 급격한 시세 변화를 나타내면 가격변동폭도 커져 밴드폭이 넓어진다. 반대로 주가가 횡보해 가격 변동성이 작으면 밴드폭은 좁아지게 된다.

나. 볼린저밴드 기본적 매매 전략

 볼린저밴드의 창시자인 존 볼린저는 "주가가 볼린저밴드의 상한선에 가까워질수록 과매수를 염려해야 하며, 반대로 하한선에 가까워질수록 과매도를 염려해야 한다"고 말했다. 볼린저밴드의 이같은 특성으로 볼린저밴드 상한선은 저항선과 유사하게 작용하며, 반대로 하한선은 지지선과 유사하게 작용한다.

 볼린저밴드는 방향성뿐만 아니라 볼린저밴드의 폭 자체가 중요한 정보를 나타낸다. 존 볼린저는 볼린저밴드의 수축과 확산이 힘의 응집과 발산을 나타낸다고 말했다. 볼린저밴드가 수축하면 주가가 횡보하며 힘이 응축되는 것이며, 반대로 볼린저밴드가 확산하며 주가가 움직이기 시작하면 응축된 힘이 발산하고 있는 것이라고 설명했다.

존 볼린저는 이러한 볼린저밴드의 특성을 바탕으로 크게 세 가지 투자기법을 공개한 바 있다.

첫째로 볼린저밴드의 폭을 활용한 매매로 볼린저밴드의 축소가 나타난 뒤 주가가 밴드 상단을 돌파하며 볼린저밴드가 확산할 때 매수하라 했다. 반대로 응축된 볼린저밴드에서 주가가 밴드 하단을 돌파하며 밴드의 폭이 확산될 때는 공매도해야 한다고 말했다. 기본적으로 밴드의 폭을 활용한 매매 방법으로 응축된 볼린저밴드가 확산하는 순간을 매매 타이밍으로 잡은 것이다. 주가로 놓고 보면 횡보하던 주가가 어느 순간 상승이나 하락으로 시세의 방향을 결정할 때 매매해야 한다는 뜻이다.

두 번째는 밴드의 상단과 하단에서 각종 투자지표들이 주가의 강세나 약세를 확증할 때 밴드 상단에서 매수하거나 하단에서 매도하라 했다. 기본적으로 존 볼린저는 볼린저밴드의 상단과 하단을 과매도, 과매수권으로 봤다. 그러나 이것이 상단에서 주식을 매도하거나 하단에서 주식을 매도해야 한다는 뜻은 아니라고 했다.

주식시장에서는 '가는 놈이 더 간다'라는 말이 있다. 쉽게 말해 추세가 형성된 종목은 그 추세대로 더 강하게 움직인다는 뜻이다.

존 볼린저의 두 번째 전략은 추세 추종 전략으로, 한마디로 말해 추세의 방향에 따라 매매하라는 것이다. 주가가 밴드 상단을 돌파해 과매도권에 들어섰다 할지라도 다른 추가적인 지표들이 강한 상승세를 나타낸다면 이것은 주가가 더욱 강하게 상승할 신호로 보고 매수하라는 것이다. 반대로 주가가 밴드 하단에 진입해 과매도권에 들어섰다 하더라도 다른 추가적인 지표가 하락세를 나타낸다면 이것은 주가가 앞으로 더 하락할 가능성이 있는 것으로 보고 매도해야 한다는 것이다.

밴드의 상단에서 매수하고 하단에서 매도하는 것은 첫 번째 비법과 유사하다. 그러나 첫 번째 전략이 추세의 시작점에서 유효한 전략이라면 두 번째 전략은 추세의 진행 중에서도 유효한 전략이다.

세 번째로 W형 패턴을 활용하는 전략으로 주가가 밴드 상단을 계속해서 여러 번 터치하며 지표가 약세를 보일 때 매도하고, 반대로 주가가 계속해서 밴드 하단을 터치하며 지표가 강세를 보일 경우 매도하는 것이다. 쉽게 말해 밴드의 상단과 하단을 박스권으로 보고 매매를 하라는 뜻이다. 밴드 하단을 과매도로 보고 매수하고 밴드 상단을 과매수로 보고 매도하는 전략이다. 볼린저밴드의 속성과 가장 일치하는 매매 전략이기도 하다.

다. 나만의 매매전략

볼린저밴드의 중심선은 일반적으로 20일 이동평균선을 활용한다. 20일 이동평균선은 앞서 설명하였듯 추세선이라 불리는데, 이 선의 기울기가 완만한 경우에는 주가가 20일 이상 횡보세를 나타내거나 일정 주기로 상승과 하락을 거듭하는 경우다. 쉽게 말해 주가가 박스권 안에 갇혀 보합세를 나타낼 때다. 일단 20일 이동평균선이 횡보하기 시작하면, 볼린저밴드 역시 횡보하며 상한선과 하한선이 평행선을 나타내게 된다. 주가가 횡보하는 시간이 길어질수록 그리고 박스권 등락폭이 작아질수록 평행선을 나타내는 볼린저밴드의 폭 역시 좁아지게 된다.

밴드가 평행선을 나타내며 폭이 좁아진다는 뜻은 그만큼 주가의 힘이 없다는 것을 뜻한다. 이는 일반적으로 주식에 뚜렷한 재료가 없거나 주식시장으로부터 관심이 멀어진 경우로 볼 수 있다. 때문에 나의 경우 이러한 시점에서는 매매를 하지 않는다.

나의 경우 볼린저밴드로 매매 시점을 잡을 때에는 존 볼린저가 제시한 매매 방법 중 첫 번째 전략 두 번째 전략이 함께 나타난 시점으로 한다. 일단 안전하게 거래를 시작하기 위해서는 추세의 시작점이나 전환점에서 매매하는 것이 좋다. 추세의 진행 구간에서 매매할 때는 내가 산 가격이 추세의 끝인지 아니면 추세의 진행 구간인지 알 수 없다. 이것은 결국 시간이 흐른 뒤 가격 움직임을 확인하고 나서야 알 수 있다. 이 때문에 추세 추종 전략도 매력적이긴 하나 이에 따른 리스크가 크기 때문에 최대한 추세 시작점에서 매매를 시작해야 안전하다.

추세의 시작점에서는 존 볼린저의 매매 전략 중 첫 번째 전략과 유사한 형태의 움직임이 나타난다. 응축된 볼린저밴드가 점차 밴드폭을 넓히며 확대하기 시작하는 것이다. 그러나 이것만으로 매수 시점을 잡기에는 약간의 아쉬움이 있다. 주가의 힘이 강하지 않다면 결국 볼린저 밴드 안에서 움직일 가능성이 높기 때문이다.

따라서 추가적으로 주가의 힘을 체크해 볼 필요가 있다. 이때 주가의 상승력을 확인할 수 있는 전략이 바로 존 볼린저의 두 번째 전략이다. 주가의 힘이 아주 강하다면 주가는 두 번째 상황과 같이 밴드의 상한선과 하한선을 벗어나 움직이기 시작한다.

주가가 기존에 없던 시세를 형성하며 어느 한 방향으로 급격히 시세를 분출하면 볼린저밴드 폭이 급격히 넓어진다. 여기서 주가의 움직임이 아주 강하다면 주가는 볼린저밴드를 벗어나게 된다. 볼린저밴드 이론상 주가가 밴드 내에서 움직일 확률은 정규분포상 94%에 달한다. 그런데 주가가 밴드를 벗어났다는 뜻은 정규분포 확률인 94%를 벗어나 6% 확률에 들어갔다는 뜻이다. 그만큼 시세의 힘이 유례없이 강한 특수한 경우인 셈이다.

　나는 바로 이때를 바로 매매 시점으로 잡는다. 볼린저밴드와 이동평균선이 밀집되어 주가의 힘이 응축되어 있다가 그 힘이 폭발하는 시점이 바로 매매 시점이 되는 것이다.

　주가가 밴드 상한선을 돌파하면 그동안 저항선으로 작용하던 밴드 상한선은 오히려 주가의 지지선으로 작용하게 된다. 주가는 조정 시마다 밴드 상한선의 지지를 받으며 급등세를 기록하게 된다.

　주가가 밴드의 상한선을 벗어나 움직이기 시작할 때 가장 중요하게 볼 점은 바로 시세의 연속성이다. 시세의 연속성은 시세의 방향과 일치한 주가 움직임이 많이 나타나는 현상이다. 예를 들어 상승 추세에서는 대량의 거래량을 수반한 장대 양봉이 많이 나타날수록 시세의 연속성이 강한 것이다.

　따라서 일단 주가가 볼린저밴드의 상한선을 돌파해 급등하기 시작했다면 이후 대량의 거래량을 수반한 장대 양봉이 자주 나타나야 시세의 연속성이 있다고 볼 수 있다. 이 같은 모습이 계속되어야 주가가 볼린저밴드 상한선을 이탈하지 않고 계속해서 급등세를 유지할 수 있다. 주가가 단기 급등에 따른 조정을 거치더라도 강한 상승세로 인하여 주가는 볼린저밴드 상한선을 지지받고 재차 급등할 가능성이 높다. 이렇게 시세를 분출하다 보면 주가는 서서히 변동폭을 줄이며 그 힘이 서서히 약해진다.

아래 차트를 보면 2023년1월 밴드폭이 좁아지며 횡보하던 주가가 2월 들어 대량의 거래량과 함께 급등세를 나타내며 밴드 상한선을 돌파한다. 이후 밴드 상한선이 지지선으로 작용하며 주가는 대량의 거래량과 함께 장대양봉을 기록하며 5거래일 이상 급등한다.

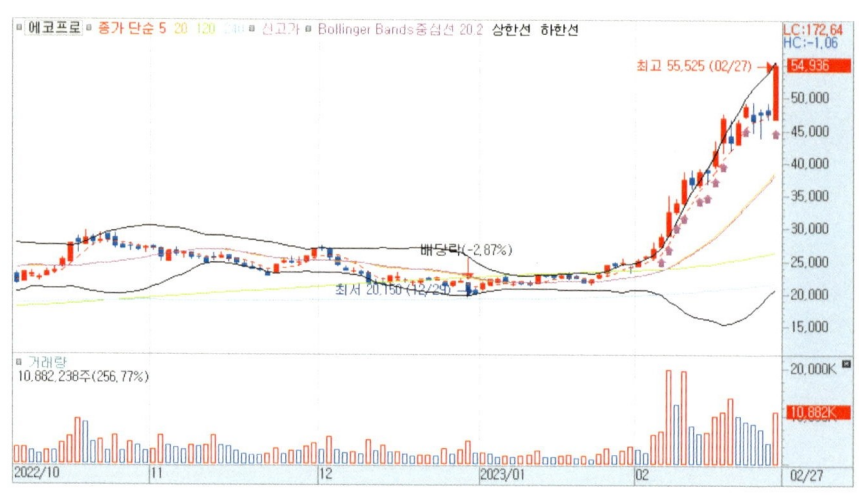

추세 시작점에서 볼린저 밴드 모습 〈출처: 키움증권 HTS〉

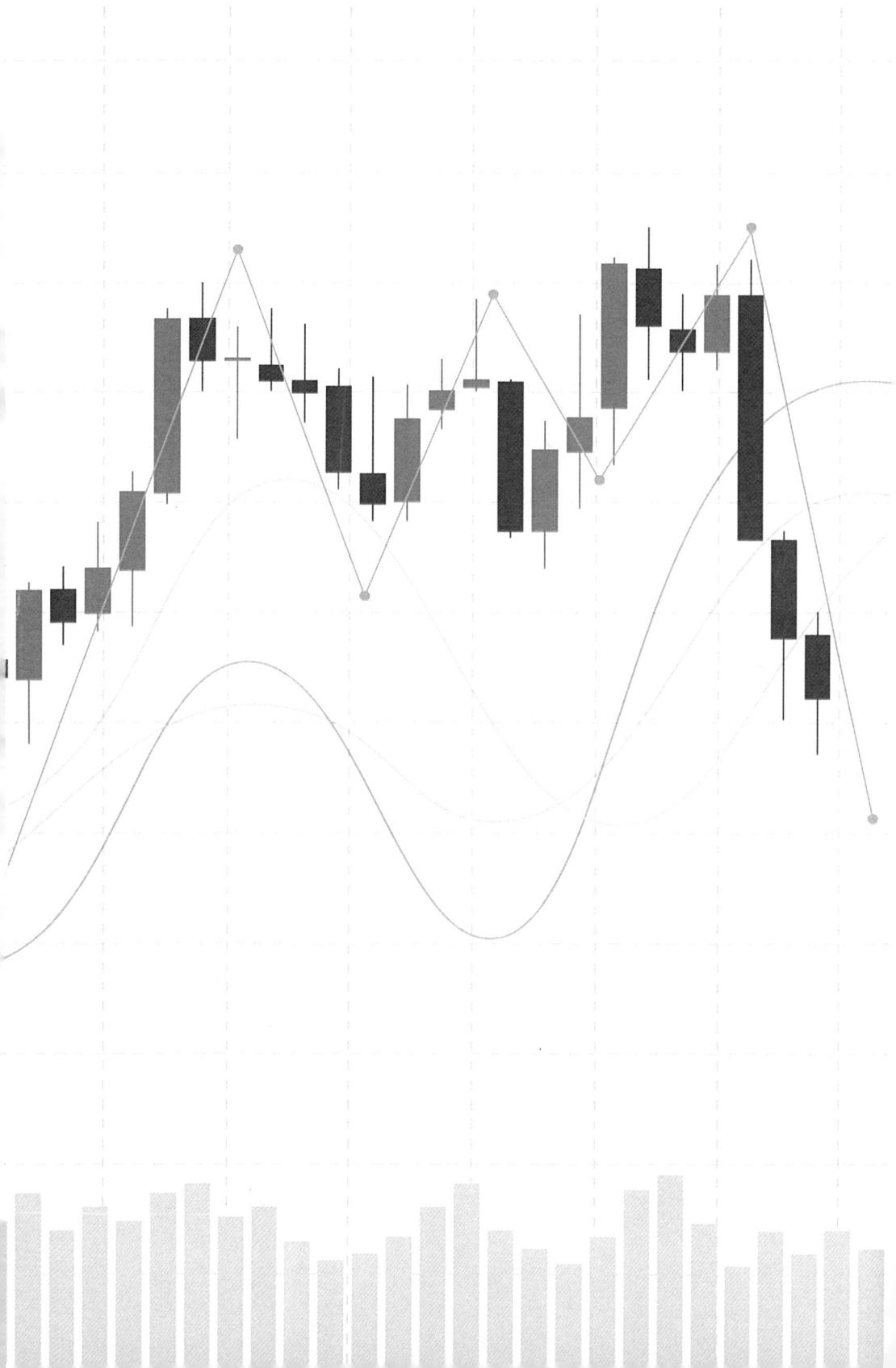

PART 3
기본적 분석

기본적 분석(가치투자)의 이해

1. 기본적 분석이란

　기본적 분석은 크게 두 가지로 구분할 수 있다. 하나는 양적 분석, 다른 하나는 질적 분석이다.

　양적 분석은 주로 재무제표와 같은 수치 데이터를 기반으로 기업의 재무 건전성이나 수익성 등을 평가하는 방식이다. 이 분석은 정형화된 지표와 계산을 통해 비교적 객관적인 평가가 가능하다는 특징이 있다.

　반면, 질적 분석은 경영진의 역량, 조직의 경쟁력, 제품이나 서비스의 시장성 등과 같이 수치로 환산하기 어려운 요소를 중심으로 기업을 평가하는 방식이다. 이 때문에 평가자의 주관적 판단이 개입되기 쉬워, 해석에 따라 분석 결과가 달라질 수 있다.

2. 양적 분석

양적 분석은 기업의 재무제표를 기반으로 기업의 상태를 파악하는 방식이다. 과거 데이터를 바탕으로 하기 때문에 분석에는 한계가 있으나 과거를 알아야 미래를 예측할 수 있듯이 양적 분석은 기업의 성장성과 현재 상황을 파악하는 데 있어서 매우 중요한 과정이다.

양적 분석에서 중점적으로 살펴보아야 할 요소로는 재무건전성, 자산가치, 성장성, 현금흐름 등이 있는데, 이러한 요소들은 재무상태표(자산변동표), 손익계산서, 현금흐름표 등을 통해 확인할 수 있다.

또한, 양적 분석의 대표적인 분석 지표로는 PER(주가수익비율), PBR(주가순자산비율), ROE(자기자본이익률), ROA(총자산이익률) 등이 활용된다.

3. PER(Price to Earnings Ratio, 주가수익비율)

　PER은 기업의 시가총액을 연간 당기순이익으로 나눈 값으로, 이는 기업이 일정한 수익을 유지한다고 가정할 때 투자자가 원금을 회수하는 데 걸리는 연수를 의미한다. 다시 말해, PER은 투자 회수 기간을 나타내는 지표라 할 수 있다.

PER = 시가총액 / 당기순이익

　한편 PER의 역수는 당기순이익을 시가총액으로 나눈 값이 되는데, 이는 기업이 현재 시가총액 대비 얼마나 수익을 내고 있는지를 보여주는 수익률 지표로 활용된다.

　주식투자에서 가장 중요한 평가 기준 중 하나는 기업의 수익력이다. 수익력이란 앞으로 기업이 창출할 수 있는 이익에 대한 기대 수준을 말하며, 수익력이 높을수록 기업의 성장 가능성도 크게 평가되어 투자 매력도가 높아진다.

1) PER 평가 방법

　PER 은 기업을 평가하는 데 가장 기본적인 요소로 활용된다. 주된 평가 방법으로는 해당 종목의 업종 평균 PER을 산출한 뒤 개별 종목의 PER을 비교해보는 것이다. 예를 들어 A라는 모바일 기업의 PER이 40이고, 모바일 게임업체들의 평균 PER이 30이라면, A의 주가가 동종업종 대비 고평가되었다고 볼 수 있다. 다만, 이러한 평가 방법은 개별종목의 사업구조가 복잡하거나 동종 업종의 기업 수가 적은 경우 비교 자체가 불가능 하다는 단점이 있다.

　PER 계산식에 따르면 PER이 낮을수록 좋다는 것을 알 수 있다. 예를 들어 유사한 A, B 기업의 PER이 각각 10, 5라고 가정했을 때 A기업의 주식보다는 B기업의 주식을 매수하는 것이 유리하다.

　그러나 주식시장 전체를 바라보면 전혀 다른 시각으로 해석할 여지도 있다. 일반적으로 PER이 높다는 것은 기업의 이익에 비해 주가가 많이 오른 상태를 의미하는데, 이는 곧 주식시장에서 해당 기업의 미래 성장 가능성에 대한 기대가 크다는 뜻으로도 해석할 수 있다.

　주가는 본래 미래 가치를 선반영하는 경향이 있다. 따라서 높은

PER은 향후 실적 개선에 대한 낙관적인 전망이 주가에 반영되어 있다는 의미이기도 하다. 하지만 동시에 이는 현재의 주가가 기업의 실제 수익력에 비해 다소 과도하게 상승했을 가능성을 내포하므로, 만약 기대만큼의 성장세가 뒷받침되지 않는다면 향후 주가가 하락할 위험성도 존재한다.

PER이 낮다는 것은 일반적으로 주식시장에서 해당 기업의 미래 성장 전망이 밝지 않다고 평가받고 있다는 뜻이다. 이는 주식 수요가 낮아 가격이 상대적으로 저렴하다는 의미이기도 하다. 물론 일부 종목은 단순히 주식시장의 주목을 받지 못해 저평가된 경우도 존재하지만, 일반적으로 낮은 PER은 주식시장의 관심이 적다는 신호로 해석될 수 있다.

이처럼 PER 수치만을 기준으로 주식의 가치를 판단하는 것은 자칫 잘못된 결론을 유도할 수 있다. PER의 높고 낮음은 상대적인 개념이며, 이를 절대적인 가치 판단 기준으로 삼기보다는 기업의 미래 성장성 등과 함께 종합적으로 분석해야 한다. PER이 높더라도 향후 실적 성장 가능성이 크다면 단순히 고평가되었다고 보기는 어렵다. 성장 가능성을 고려한 다면적인 접근이 필요하다.

PER 이해 〈출처 AI 이미지〉

2) PER 계산 시 주의점

　PER은 '시가총액 ÷ 당기순이익'으로 계산되지만, 이때 사용되는 당기순이익의 질을 정확히 평가하는 것이 중요하다. 기업 활동 중에는 일회성 이익이나 손실이 발생할 수 있으며, 이러한 항목들은 당해 연도의 당기순이익을 일시적으로 높이거나 낮추는 왜곡된 효과를 가져온다. 그 결과 PER 수치도 평소 수준과 크게 차이 나는 왜곡이 발생할 수 있다. 따라서 당기순이익에 일회성 요인이 과도하게 반영된 경우, 이를 보정해 적정 PER을 산출해야 한다. 일반적으로 일회성 항목에는 법인세 환급, 대규모 투자지출, 구조조정에 따른 퇴직금 지급, 유형자산의 처분 또는 구입 등이 포함된다.

PER을 계산할 때 고려해야 할 중요한 요소 중 하나는 주식 수이다. 주당순이익(EPS)은 '당기순이익 ÷ 주식 수'로 계산되며, 이때 사용되는 주식 수는 주식시장에서 실제로 거래되는 유통주식수를 의미한다. 유통주식수는 '발행주식총수 - 자기주식'으로 계산되는데, 이는 기업이 보유한 자기주식이 사실상 주식소각과 유사한 효과를 갖기 때문이다.

또한, 기업이 전환사채(CB), 스톡옵션, 신주인수권부사채(BW) 등 향후 주식으로 전환될 가능성이 있는 증권을 발행한 경우, 이러한 주식은 미래에 발행될 수 있는 잠재적 주식으로 간주한다. 이 경우에는 총주식수에서 향후 주식 전환 가능성이 있는 주식수도 더해 희석 주당순이익(Diluted EPS)을 산출해 보다 보수적으로 PER을 평가하기도 한다.

4. PBR(Price to Book Ratio, 주가 순자산비율)

PBR이란 장부에 기록되어 있는 자산에서 부채를 제외하고 남은 자본과 현재 시가총액을 비교한 값이다. 자산에서 부채를 제외한 자본이 현재 시가총액과 같다면 PBR은 1이 된다. 즉 PBR 1의 뜻은 기업을 청산했을 때 내가 투자한 금액만큼을 그대로 돌려받을 수 있음을 의미한다.

PBR의 핵심은 청산가치다. 청산가치란 지금 당장 회사를 청산한다면 얼마의 금액을 회수할 수 있는지를 나타내는 지표다. 일반적으로 자산에서 부채를 제외한 주주의 몫을 청산가치로 보고 있다.

여기서 우선적으로 고려해야 할 점은 '장부가격을 신뢰할 수 있는가?'이다. 보통 재무제표상 자산가치는 현실의 시가와 다른 경우가 많다. 기업이 고의로 장부가를 속이는 것이 아니라 회계상 자산가치와 현실의 시가 사이에는 차이가 있기 때문이다.

예를 들어 LCD 생산업체인 주식회사LCD를 예로 들어보자. ㈜LCD는 과거 LCD 업황이 호황인 시절 생산물량을 맞추기 위해 1,000억 원을 들여 기계 설비를 완공시켰다. ㈜LCD는 이 기계설비의 수명을 10년으로 놓고 매년 100억씩 비용처리를 하기로

했다. 그렇게 처음 몇 해는 LCD 업황이 호조를 보였으나 5년이 지나자 시장은 급속도로 바뀌기 시작했다. LCD 업체들은 수요감소로 너도나도 문을 닫기 시작했다. 결국 ㈜LCD도 5년째 되는 날 결국 업황 부진을 이기지 못하고 LCD 사업 부문을 중단하기로 결정했다. 이에 따라 ㈜LCD는 LCD 부분의 기계설비를 전부 처분하기로 결정했다. 회계상 장부에 남아 있는 기계설비의 가액 500억 원인 경우 과연 ㈜LCD는 LCD 업체들이 너도나도 문 닫는 상황 속에서 기계설비를 얼마나 받고 처분할 수 있을까? 장부상 가액인 500억 원을 받고 처분한다는 것은 사실상 불가능할 거다.

이처럼 회계상 자산가치와 현실의 자산가치 차액을 고려해 기업의 실제 잔존가치를 계산해야 한다. 실제로 상장된 기업 중에는 보유하고 있던 부동산 가격이 크게 올랐음에도 불구하고 장부상에는 과거의 가격으로 반영된 경우가 종종 있다. 이 경우 기업의 청산가치는 장부상 가치보다 훨씬 올라가게 된다.

PBR의 핵심은 결국 청산가치다. 워런 버핏의 스승이자 가치 투자의 창시자로 불린 벤저민 그레이엄은 청산가치를 아주 보수적으로 계산했다. 그는 기업의 자산 중에서 현금화하기가 쉬운 자산만으로 청산가치를 평가했다. 이에 따라 거의 무위험에 가까운 투자를 하기로 유명했다. 일명 담배꽁초 투자로 불리는 방법이다. 최근에는 정보의 발달로 이러한 기업들은 거의 찾아볼 수 없다. 하지만 관심을 갖고 찾다 보면 청산가치 이하로 매매되는 종목들을 심심치 않게 볼 수 있다.

PBR 이해 〈출처 AI 이미지〉

1) PBR 평가 방법

앞서 말한 바와 같이 PBR 1은 청산가치와 주가 수준이 동일한 기업을 뜻한다. PBR 1인 기업은 설사 그 기업이 내일 당장 망하더라도 주주들은 손해 볼 게 없다는 것을 뜻한다. 그렇다면 PBR이 낮은 기업이 꼭 좋은 걸까? 물론 PBR 역시 기업의 전체적 측면에서 바라봐야 한다. PBR이 1 이하라 할지라도 기업의 수익성이 좋지 않거나 지속적으로 적자를 기록하고 있는 기업이라면 하루빨리 처분해야 한다.

PBR이 낮다는 이유는 주식 가격이 낮게 형성되어 있음을 뜻한다. 그런데 주식 가격이 낮다는 말은 보통 주식시장에서 관심을 잃어버렸거나 기업의 수익성이 악화되어 투자자들로부터 외면받고 있음을 뜻한다. 관심을 잃어버려 극도로 저평가된 상태라면 다행이지만 반대로 기업의 수익성이 악화되어 투자자들로부터 외면받고 있는 상태라면 아무리 PBR이 낮더라도 좋지 않은 결과가 발생할 가능성이 높다. 주식시장에서는 기업을 평가할 때 기업의 자산보다는 수익성을 높게 평가한다. 자산이 많고 현금이 풍부한 기업이라 할지라도 성장동력을 잃어버린 기업은 낮게 평가된다. 반대로 자산은 부족하지만 사업 내용이 좋아 성장성이 뛰어난 기업은 더 높게 평가받는다. 이 때문에 PBR 하나만을 놓고 보기보다는 PER과 함께 기업의 수익성도 함께 고려해야 한다.

5. ROA(Return On Assets, 총자산수익률), ROE(Return On Equity, 자기자본수익률)

먼저 ROA는 부채도 자산으로 보고 기업의 수익률을 계산하는 값이고 ROE는 부채를 제외한 순수한 자기자본만을 놓고 기업의 수익률을 계산하는 값이다. ROA의 기본은 비록 부채는 이자를 지급하긴 하지만, 내가 이용할 수 있기 때문에 자본과 부채를 하나로 보고(총자산) 이에 대비해서 기업이 얼마의 이익을 냈는가 하는 수치다.

반면 ROE는 부채를 제외한 자기자본만을 보고 얼마의 이익을 냈는지를 나타내는 수치다. 두 수치 모두 높으면 높을수록 좋겠지만 과도한 부채는 기업의 재무건전성을 위협하므로 이왕이면 ROE 수치가 높을수록 좋다고 볼 수 있다.

일반적으로 수익률이 높을수록 좋은 기업이라 볼 수 있으나 기업의 내용과 함께 여러 가지를 생각해 봐야 한다. 기본적으로 ROE가 낮다는 말은 기업이 낮은 마진율을 기록하고 있음을 뜻한다. 이 때문에 ROE가 낮은 경우 경쟁업체가 생길 가능성이 적고, 협력업체라면 상대적으로 부품단가 인하 압력도 낮다. 또한, 이미 낮은 영업이익률을 기록하고 있기 때문에 실적 턴어라운드 시 상대적으로 높은 수익이 발생한 것처럼 보인다. 반면, 업황 부진으로 매출이 악화될 때는 낮은 영업이익률 때문에 급격한 실적 악화가 나타나기도 한다.

이와 반대로 ROE가 높으면 기업이 많은 수익을 내고 있음을 뜻한다. 이 때문에 경쟁업체가 들어올 가능성이 크다. 또한 협력업체라면 높은 영업이익률로 인해 상위업체로부터 부품단가 압력을 받을 수 있다. 반면, 업황 부진에 따른 매출 악화 시 이미 높은 영업이익률을 기록하고 있었기 때문에 상대적으로 영업이익률이 낮은 업체보다는 실적 악화가 덜하다.

높은 ROE를 갖고 있는 기업이라 할지라도 진입장벽 자체가 낮아 경쟁자가 생기기 쉬운 구조라면 머지않아 기업의 실적이 악화될 가능성이 높다. 반면 진입장벽이 낮다고 할지라도 수익성이 낮아 매력이 없는 사업이라면 적은 경쟁자로 인해 시장점유율을 확대하게 되고 머지않아 높은 시장점유율을 기반으로 가격 협상력이 생길 수 있다.

6. 질적 분석

주식투자는 앞서 설명한 양적 분석의 지표인 PER, PBR, ROA, ROE 등 값이 단순히 높거나 낮다 해서 좋은 기업이라 판단할 수 없다. 이러한 투자지표들을 볼 때에는 반드시 기업의 내용을 함께 봐야 한다. 단순히 ROE가 높다 해서 좋은 기업이거나 PER이 낮다 해서 좋은 기업일 수 없다. 순간적으로 ROE가 높은 수치를 나타내고 있더라도 진입장벽이 낮은 사업이라면 조만간 경쟁업체 등장으로 인해 ROE가 낮아질 가능성이 높다.

때문에 기업의 가치 평가 시 양적 분석은 질적 분석과 반드시 함께 진행되어야 한다. 다만, 질적 분석의 경우 양적 분석과 다르게 뚜렷한 계산식이나 형식이 없기 때문에 분석에 어려움을 겪는 경우가 많다.

1) 경영조직 및 경영 능력

투자의 대가 워런 버핏은 기업에 투자할 때 가장 중요한 평가 요소 중 하나로 CEO를 손꼽았다. 경영자의 의지와 능력이야말로 기업의 존폐를 좌우하는 중요한 열쇠라고 평가했다. 그러나 일반

투자자들이 CEO를 직접 만나기란 사실상 거의 불가능하다.

나 같은 경우 투자에 앞서 CEO의 자서전이나 유명한 글이 있다면 한 번쯤 읽어보곤 한다. 과거 웅진그룹 윤석금 회장의 '긍정이 걸작을 만든다'라는 책을 통해 웅진의 투자 기회를 발견한 적이 있었다. 웅진그룹이 극동건설 인수로 인해 재정 악화로 분리 매각될 당시 나는 책에서 읽었던 윤석금 회장의 경영철학을 생각해 봤다. 책에서 읽은 윤석금 회장의 경영철학이라면 어떻게든 끝까지 웅진그룹에 대해 책임지는 모습을 보일 거라는 생각이 들었다. 그 결과 웅진그룹의 핵심 회사인 웅진코웨이(코웨이)의 매각까지 생각해 볼 수 있었다. 예상은 적중했다. 윤석금 회장은 자신의 사재 출연은 물론 핵심 자회사인 웅진코웨이까지 매각하며 그룹 정상화에 힘썼다. 당시 웅진코웨이는 상당히 좋은 회사임에도 불구하고 웅진그룹에 포함되어 있다는 이유로 주가가 저평가되어 있었다. 웅진코웨이는 웅진그룹에서 분리되자마자 주식시장에서 재평가받기 시작했다. 그 결과 주가는 높은 상승세를 나타냈다.

2) 기업제품 및 상품 경쟁력

앞서 말한 기업의 경영조직 및 CEO의 경영 능력을 일반투자자가 평가하기에는 정보의 한계성이 있다.

이 때문에 우리 같은 개인투자자의 경우 기업제품과 사업내용 분석에 더욱 힘을 쏟아야 한다. 기업의 가치는 결국 기업이 생산하는 제품에 따라 결정된다. 높은 기술력 등을 보유해 수익성이 높고 성장성 있는 제품을 많이 판매하고 있는 기업이라면 당연히 우수한 경영 성과를 낼 것이다. 반대로 기술력이 없어 수익성이 낮고 경쟁이 치열한 제품을 많이 판매하는 기업이라면 상대적으로 낮은 경영 성과를 낼 것이다.

이러한 기업 상품에 대한 분석은 증권사 보고서나 기업의 사업보고서가 아닌 일상생활에서 찾아내는 것이 좋다. 어느 날 모든 사람들이 특정 제품에 열광하거나 기존에 없던 제품이 탄생했다면 이러한 상황을 주의 깊게 볼 필요성이 있다. 실제로 TV 홈쇼핑에서 완판 행진을 기록한 화장품 업체의 주가가 급등하거나, 새롭게 출시한 모바일 게임의 열풍으로 해당 업체의 주가가 급등하는 경우를 자주 볼 수 있다. 이뿐만 아니라 전기차, 5G 기술, 신재생에너지, 메타버스 등과 같이 기존에 없던 기술이나 제품이 출시되어 주가가 급등하는 경우를 자주 볼 수 있다.

재무제표의 이해

1. 기업의 본질과 재무제표

　기업을 이해하기 위해서는 무엇보다도 재무제표에 대한 이해가 선행되어야 한다. 나 역시 주식에 깊게 빠져 있던 시절에 재무제표 공부를 위해 대학 전공을 컴퓨터학과에서 회계학과로 바꾼 바 있다. 하지만 대학교 과정에도 불구하고 재무제표에 대한 이해는 쉽지 않다. 하물며 처음 재무제표를 공부하는 사람들의 고충은 말하지 않아도 알 수 있다. 그러나 투자란 결국 기업을 사는 것이다. 이점을 간과하면 주식시장에서 실패하고 만다. 어렵더라도 반드시 공부를 통해 재무제표를 읽는 능력을 키워야 한다.

　일반적으로 기업의 본연 목적은 수익 창출이다. 투자자 입장에서도 좋은 기업이란 기업의 본연 목적인 수익 창출에 충실한 기업이다. 때문에 이상적인 기업이란 건전한 재정 상태를 유지하며 높은 수익을 창출하는 기업이다. 이 같은 목적 달성을 위해 CEO는 자산과 부채를 알맞게 조절하고, 수익률을 높이기 위해 노력한다. 또한, 기업의 피와 같은 현금흐름 관리에 힘을 쏟는다.

좋은 기업은 자산을 기반으로 수익을 창출하고, 이렇게 얻은 이익은 다시 자산으로 유입되어 기업의 재무 기반을 더욱 탄탄하게 만든다. 이후 증가한 자산을 바탕으로 더 큰 수익을 창출하는 선순환 구조를 형성하게 된다.

회계적으로 보면 이 과정은 '순이익 발생 → 이익잉여금 증가(자본 및 자산 증가) → 자산을 활용한 더 큰 순이익 창출 → 이익잉여금 증가'의 순서로 설명된다.

이러한 선순환 구조를 유지·강화하려면 기업의 수익성, 재무 건전성, 현금흐름을 지속적으로 관리해야 하는데, 이를 종합적으로 파악할 수 있게 해주는 도구가 바로 재무제표다.

2. 재무제표란

재무제표는 기업의 경영 상태를 이해관계자들이 정확히 파악할 수 있도록 작성된 공식 보고서다. 이는 경영자, 주주, 채권자 등 다양한 이해관계자의 합리적인 의사결정을 돕기 위해 만들어진다. 한국의 기업회계기준에서는 재무제표를 재무상태표, 손익계산서, 현금흐름표, 자본변동표, 주석의 다섯 가지로 정의한다. 이 가운데 일반적으로 가장 많이 활용되는 것은 재무상태표, 손익계산서, 현금흐름표다.

1. 재무상태표는 특정 시점 기준으로 기업의 자산, 부채, 자본이 어떻게 구성되어 있는지를 보여준다. 이는 기업의 재무구조와 건전성을 판단하는 기본 자료다.

2. 손익계산서는 일정 기간(통상 1년) 동안 발생한 수익과 비용, 그리고 그 결과로 산출된 순이익을 보여준다. 쉽게 말해 기업의 '가계부'와 같으며, 기업이 해당 기간 동안 실제로 얼마나 벌었는지를 확인할 수 있다.

3. 현금흐름표는 일정 기간 동안 기업 내에서 발생한 현금의 유입과 유출을 기록한 표로, 손익계산서와 재무상태표가 발생주의 기준에 따라 작성되어 실제 현금 흐름을 반영하지 못하

는 한계를 보완한다.

이 세 가지 재무제표는 개별적으로도 중요하지만, 서로 유기적으로 연결되어 있어 함께 분석해야만 기업의 전체적인 재무 상태를 정확히 파악할 수 있다.

예를 들어, 재무상태표와 손익계산서를 통해 수익성과 자산 구조를 판단하고, 재무상태표와 현금흐름표를 함께 보면 기업의 유동성과 지급 능력을 알 수 있다. 따라서 재무제표는 단순한 숫자 집합이 아니라, 기업의 경영 성과와 재무 건전성을 종합적으로 진단하는 핵심 도구다.

재무상태표, 손익계산서, 현금흐름표 외에도 재무제표를 구성하는 주요 항목으로 자본변동표와 주석이 있다. 자본변동표는 기업이 창출한 이익이 자본 항목으로 어떻게 반영되는지를 보여주는 보고서이며, 주석은 재무제표에 포함된 정보를 보다 정확히 이해할 수 있도록 보완 설명을 제공하는 자료다.

코스피, 코스닥에 상장된 모든 기업들은 분기·반기·사업보고서를 통해 재무제표를 발표한다. 기업에서 발표하는 보고서는 금융감독원 전자공시시스템(http://dart.fss.or.kr/)에서 확인할 수 있다.

삼성전자 재무제표 〈출처 삼성전자 사업보고서〉

3. 재무제표의 작성 과정

　재무제표는 작성되기까지 많은 과정을 거치는 데 그 근간에는 기업회계라는 밑바탕이 있다. 기업회계는 기업 운영 과정에서 발생한 거래를 복식 부기의 원칙에 따라 기장하는 데에서부터 출발한다. 여기서 복식 부기의 원칙에 따라 차변과 대변으로 기록된 항목들은 '총계정원장 〉 시산표'를 통해 재무제표로 완성된다.

우리는 주식투자를 공부하는 것이기 때문에 재무제표의 생성과정은 이 정도만 이해하도록 하자. 여기서 가장 중요한 핵심은 바로 복식부기다. 복식부기는 하나의 거래를 차변과 대변이라는 항목에 동시에 기록하는 방식을 말한다. 이 같은 속성 때문에 각각의 계정과목은 여러 재무제표로 흘러 들어가 긴밀한 영향 관계를 주게 된다.

분개장

매출채권 3,000 매출액 3,000
매출원가 1,800 재고자산1,800
비용 500 현금 500

위의 예처럼 매출의 발생은 매출액이라는 손익계산서 항목과 함께 매출채권이라는 재무상태표의 자산 항목을 증가시킨다. 재무제표상 각각의 계정과목이 별개의 항목으로 보일지라도 최초 회계과정을 생각해보면 결국 서로서로 연결되어 있음을 알 수 있다.

4. 감사의견

그렇다면 기업이 작성하는 재무제표는 어떻게 신뢰성을 갖게 될까?

기업이 작성한 재무제표가 신뢰를 얻기 위해서는 외부 검증 절차를 반드시 거쳐야 한다. 이를 위해 대부분의 기업은 회계법인이나 공인회계사 등 외부 감사인에게 재무제표 감사를 의무적으로 받아야 하며, 감사 결과에 따라 상장폐지까지 이어질 수 있다.

한국 회계기준에서는 정보이용자를 보호하기 위해 재무제표와 감사보고서의 제출 기한을 명확히 규정하고 있다. 기업은 개별 재무제표를 정기주주총회 6주 전까지, 연결 재무제표는 4주 전까지 외부 감사인에게 제출해야 한다. 감사인은 이를 검토한 뒤, 정기주주총회 개최 1주일 전까지 감사보고서를 작성해 기업에 전달해야 하며, 기업은 다시 해당 보고서를 주주총회 종료 후 2주 이내에 증권선물위원회와 한국공인회계사회에 제출해야 한다.

한편, 기업이 감사 일정 내에 재무제표를 제출하지 못하거나 감사가 지연되는 경우에는 주의가 필요하다. 이는 재무제표 작성 과정에서 오류가 많았거나, 고의적으로 숨기려는 정보가 있었을 가능성을 시사하기 때문이다. 정정사항이 많다는 점은 그 자체로 기업의 투명성과 건전성에 의문을 갖게 만드는 신호일 수 있다.

1) 감사의견의 분류

적정의견: 기업의 재무제표가 기업회계기준에 따라 작성되어 신뢰할 수 있는 경우에 내려진다.

한정의견: 전반적으로 기업회계기준에 따라 작성됐으나, 몇몇 부분이 기업회계 기준을 따르지 않았거나, 공시해야 할 정보를 누락했거나, 감사인의 감사 범위가 제약을 받은 경우에 내려진다. 이 경우 기업 신용등급에 악영향을 끼치게 되며 특히, 감사범위 제한으로 인해 한정의견을 받을 경우에는 관리종목으로까지 지정된다.

부적정의견: 기업의 재무제표가 기업회계 기준을 위배하고 있는 경우에 내려진다. 특히, 위배 사항이 중대한 영향을 미쳐 재무제표에 왜곡이 나타난 경우를 뜻한다. 이 경우 기업은 거래정지 및 조회공시 요구를 받게 되고, 상장폐지 절차를 밟게 된다.

의견거절: 기업 재무제표에 대한 적정성을 판단할 감사증거를 확보하지 못해 독립적인 감사업무를 수행할 수 없는 경우 내려진다. 또한, 기업이 부도 같은 중대한 불확실성에 직면한 경우에도 의견거절이 내려진다. 의견 거절을 받은 기업은 거래정지 및 조회공시 요구를 받게 되고 이후 상장폐지 절차를 밟게 된다.

3장
재무제표와 재무상태표

1. 재무상태표의 개괄

1) 재무상태표란

재무상태표는 기업이 일정 시점에 보유하고 있는 재무적 현황을 한눈에 보여주는 표다. 말하자면, 그 시점에 기업이 어떤 자산을 가지고 있으며, 그 자산이 어떤 방식으로 조달되었는지를 나타내는 표다.

이를 개인에 비유하면 자신이 보유한 현금, 부동산, 차량 등의 자산 목록과 그것이 자기 자금(자본)으로 마련되었는지, 대출(부채)로 마련되었는지를 정리한 표라고 할 수 있다.

이 재무상태표는 기본적으로 자산, 부채, 자본 세 가지 항목으로 구성된다.

자산은 기업이 실제로 소유하고 있는 모든 경제적 가치로, 상품, 생산설비, 건물, 토지, 기업용 차량, 보유 현금, 외상매출금 등이 포함된다.

부채는 이러한 자산을 마련하기 위해 외부로부터 빌린 자금이며, 은행 대출, 회사채 등이 대표적이다.

자본은 기업이 자체적으로 조달한 자금으로, 주주로부터 받은 자금이나 기업이 벌어들인 이익이 해당된다.

우리가 집이나 차를 살 때 대출을 끼는 것처럼, 기업도 자산을 구입할 때 외부 차입금을 활용할 수 있다. 이때 자기 돈은 자본, 빌린 돈은 부채가 된다. 이러한 구조를 바탕으로 자산 = 부채 + 자본이라는 회계의 기본 원칙이 성립된다.

2) 재무상태표의 구분

재무상태표의 기본 구조인 '자산 = 부채 + 자본' 관계를 좀 더 구체적으로 살펴보자. 재무상태표는 자산, 부채, 자본으로 구성되며 각 항목은 다시 세부적으로 구분되어 기업의 재정 상태를 보다 명확하게 보여준다.

자산은 유동성과 회수 가능 시점을 기준으로 유동자산과 비유동자산으로 나뉜다. 부채는 상환 시기를 기준으로 유동부채와 비유동부채로 구분되고 자본에는 자본금, 주식발행초과금, 이익잉여금, 기타포괄손익누계액, 자본조정 같은 세부 항목이 있다.

구 분	제56기 2024년 12월말	제55기 2023년 12월말	제54기 2022년 12월말
[유동자산]	227,062,266	195,936,557	218,470,581
· 현금및현금성자산	53,705,579	69,080,893	49,680,710
· 단기금융상품	58,909,334	22,690,924	65,102,886
· 기타유동금융자산	36,877	635,393	443,690
· 매출채권	43,623,073	36,647,393	35,721,563
· 재고자산	51,754,865	51,625,874	52,187,866
· 기타	19,032,538	15,256,080	15,333,866
[비유동자산]	287,469,682	259,969,423	229,953,926
· 기타비유동금융자산	11,756,681	8,912,691	12,802,480
· 관계기업 및 공동기업 투자	12,592,117	11,767,444	10,893,869
· 유형자산	205,945,209	187,256,262	168,045,388
· 무형자산	23,738,566	22,741,862	20,217,754
· 기타	33,437,109	29,291,164	17,994,435
자산총계	514,531,948	455,905,980	448,424,507
[유동부채]	93,326,299	75,719,452	78,344,852
[비유동부채]	19,013,579	16,508,663	15,330,051
부채총계	112,339,878	92,228,115	93,674,903
[지배기업 소유주지분]	391,687,603	353,233,775	345,186,142
· 자본금	897,514	897,514	897,514
· 주식발행초과금	4,403,893	4,403,893	4,403,893
· 이익잉여금	370,513,188	346,652,238	337,946,407
· 기타	15,873,008	1,280,130	1,938,328
[비지배지분]	10,504,467	10,444,090	9,563,462
자본총계	402,192,070	363,677,865	354,749,604

삼성전자 요약 재무정보 〈출처: 삼성전자 사업보고서〉

2. 자산의 이해(유동·비유동자산)

자산은 재무상태표의 핵심 구성요소 중 하나로, 크게 유동자산과 비유동자산으로 나뉜다. 이 구분의 기준은 '1년 이내 현금화 가능성'이다. 즉, 1년 이내에 현금화할 수 있는 자산은 유동자산으로, 그렇지 않으면 비유동자산으로 분류된다.

유동자산은 다시 두 가지로 나뉘는데, 바로 당좌자산과 재고자산이다. 이 둘의 차이는 자산의 현금화 방식에 있다. 별도의 판매 과정을 거치지 않고 곧바로 현금화가 가능한 자산은 당좌자산에 포함되며, 반대로 제품의 판매 등을 통해 현금화되는 자산은 재고자산으로 분류된다.

가치투자의 창시자인 벤저민 그레이엄은 유동자산을 보수적으로 평가해 안전마진이라는 개념을 고안해냈다.

벤저민 그레이엄이 말한 '안전마진'이란, 투자자가 손실을 입지 않을 최소한의 시가총액 수준을 의미한다. 그는 기업의 자산을 매우 보수적으로 평가했는데, 특히 파산 상황에서도 현금화할 수 있는 현금, 현금성자산, 매출채권, 재고자산만을 자산으로 간주했다. 그런 다음 총자산에서 부채를 차감해 실제 청산 시 회수 가능한 순자산가치를 산출했고, 이 청산가치 대비 시가총액이 3분의 2

이하인 기업에만 투자할 것을 권장했다.

바로 이것이 벤저민 그레이엄이 주장한 안전마진 개념이다. 그의 이론에서 알 수 있듯, 유동자산은 기업의 가치를 평가할 때 핵심적인 요소로 작용한다.

두 번째 자산 항목인 비유동자산은 투자자산, 유형자산, 무형자산, 기타 비유동자산 등으로 구성된다. 이는 기업이 자산을 어떤 목적으로 보유하고 있는지에 따라 분류되며, 각 항목에 대한 구체적인 내용은 다음 장에서 더욱 상세히 살펴보자.

Tip 자산의 개요

유동자산
- 당좌자산: 예금이나 어음같이 곧바로 현금화가 가능한 자산.
- 재고자산: 제품이나 상품처럼 제조과정을 거친 뒤 현금화 가능한 자산.

비유동자산
- 투자자산: 장기적 투자 및 타기업지배 목적 등으로 보유한 매도가능증권, 지분법 적용주식, 장기대여금 등
- 유형자산: 재화의 생산이나 용역의 제공 임대 등 기업 본연의 영업활동 수행을 위해 보유한 자산.
- 무형자산: 기업 본연의 영업활동에 사용할 목적으로 장기간 보유하고 있으나 물리적 실체가 없는 자산.
- 기타 비유동자산: 투자수익이 없고 유형자산이나 무형자산에 속하지 않는 비유동자산.

유동자산 및 비유동자산의 모든 항목은 유동성 배열법에 따라 현금화가 쉬운 순서로 나열된다. 가장 맨 위부터 유동화하기 쉬운 순서대로 배열된다. 즉 당좌자산 > 재고자산 > 투자자산 > 유형자산 > 무형자산 > 기타 비유동자산 순서로 현금화가 쉽다고 보면 된다.

	제 56 기	제 55 기	제 54 기
자산			
유동자산	227,062,266	195,936,557	218,470,581
현금및현금성자산 (주4,28)	53,705,579	69,080,893	49,680,710
단기금융상품 (주4,28)	58,909,334	22,690,924	65,102,886
단기상각후원가금융자산 (주4,28)	0	608,281	414,610
단기당기손익-공정가치금융자산 (주4,6,28)	36,877	27,112	29,080
매출채권 (주4,5,7,28)	43,623,073	36,647,393	35,721,563
미수금 (주4,7,28)	9,622,974	6,633,248	6,149,209
선급비용	3,362,824	3,366,130	2,867,823
재고자산 (주8)	51,754,865	51,625,874	52,187,866
기타유동자산 (주4,28)	6,046,740	5,038,838	6,316,834
매각예정분류자산 (주33)	0	217,864	0
비유동자산	287,469,682	259,969,423	229,953,926
기타포괄손익-공정가치금융자산 (주4,6,28)	10,580,932	7,481,297	11,397,012
당기손익-공정가치금융자산 (주4,6,28)	1,175,749	1,431,394	1,405,468
관계기업 및 공동기업 투자 (주9)	12,592,117	11,767,444	10,893,869
유형자산 (주10)	205,945,209	187,256,262	168,045,388
무형자산 (주11)	23,738,566	22,741,862	20,217,754
순확정급여자산 (주14)	3,089,571	4,905,219	5,851,972
이연법인세자산 (주25)	14,236,468	10,211,797	5,101,318
기타비유동자산 (주4,7,28)	16,111,070	14,174,148	7,041,145
자산총계	514,531,948	455,905,980	448,424,507

삼성전자 자산 항목 〈출처 삼성전자 사업보고서〉

1) 유동자산의 이해(당좌자산)

가. 현금 및 현금성자산:
현금이 많을수록 안정적이다

당좌자산은 유동자산 중에서도 특별한 절차 없이 즉시 현금으로 전환할 수 있는 자산을 의미한다. 즉, 유동성이 매우 높은 자산으로, 여기에는 현금 및 현금성 자산, 단기투자자산, 매출채권, 기타 당좌자산 등이 포함된다. 이 중에서도 '현금 및 현금성 자산'은 특히 중요한 항목으로 주의 깊게 살펴볼 필요가 있다.

[유동자산]	227,062,266
・현금및현금성자산	53,705,579
・단기금융상품	58,909,334
・기타유동금융자산	36,877
・매출채권	43,623,073
・재고자산	51,754,865
・기타	19,032,538

삼성전자 제56기 유동자산 항목 〈출처 삼성전자 사업보고서〉

현금성 자산에는 현금, 은행 예금, 요구불예금, 수표, 양도성 예금증서 등이 포함되며, 이는 곧바로 자금으로 사용할 수 있는 자산들이다. 기업에게 있어 현금은 마치 인체의 혈액과 같은 존재다. 사람의 건강이 혈액순환에 달려 있듯, 기업의 건강성도 현금 흐름에 달려 있다. 보유 현금이 많다는 것은 매출채권이 신속히 회수되고 있음을 의미하며, 제조업의 경우 이를 통해 필요한 원자재를 지체없이 확보할 수 있는 능력을 갖추고 있음을 나타낸다.

특히, 현금은 경기가 좋지 않을 때 기업의 가치를 판단할 수 있는 중요한 척도를 제공한다. 경기 악화는 일반적으로 거의 모든 기업에 영향을 끼치는데 이때 최고 안전 자산인 현금 보유액에 따라 기업의 존폐가 결정되는 경우가 있다.

가치투자의 대가 워런 버핏은 기업이 보유한 현금을 일종의 '보너스'로 간주했다. 그는 만약 어떤 기업의 현금 보유량이 시가총액에 비해 지나치게 많다면, 그 기업의 가치를 다시 한번 면밀히 따져볼 필요가 있다고 강조했다. 이는 해당 주식의 가치 중 일부가 현금이라는 의미이며, 결과적으로 주당순이익(EPS)이 높아질 가능성을 갖고 있기 때문이다.

주당순현금 = (현금 및 현금성자산 - 비유동부채)/발행주식수

워런 버핏은 A회사의 주가가 100,000원이고, 주당 순현금이 30,000원인 경우 이 회사의 실질적인 주가는 70,000원이라고 평가했다. 그는 기업이 이미 보유한 현금은 일종의 보너스로 개념이므로 이를 제외한 70,000원을 실제 주가로 판단한 것이다. 따라서

PER이나 PBR과 같은 지표도 단순히 현재 주가 기준이 아닌, 순현금을 제외한 가격을 기준으로 다시 계산해 기업 가치를 평가해야 한다고 강조했다.

예) A회사의 현재 주가가 100,000원이고, 주당순이익이 10,000원, 주당순자산이 100,000원이라면 PER은 10, PBR은 1로 계산된다.

이 경우 주당순현금을 고려해 다시 계산하면 주가는 100,000원-30,000원(주당순현금)=70,000원으로 계산되며, 이에 따라 PER은 7, PBR은 0.7로 다시 계산된다. 즉 현재 주가로 계산했을 때보다 더욱 저평가된 상태가 된다.

한편, 주당순현금을 평가할 때 주의할 점은 현금 및 현금성 자산이 높은 유동성을 지니고 있어, 곧바로 기업의 투자나 자산 취득에 사용될 수 있다는 것이다. 따라서 주당순현금이 주는 효과는 단기간에 그칠 수 있다.

나. 단기투자자산:
유가증권이 많은 기업이 투자가치도 높다

유가증권은 기업이 보유한 일종의 현금성 자산으로, 마치 보너스처럼 간주될 수 있다. 일반적으로 유가증권은 주식과 채권을 포함하며, 그 특성상 현금으로 전환하기 쉬워 거의 현금과 같은 가치를 지닌 것으로 평가된다. 여기서 말하는 유가증권은 자사주가 아닌 타 기업의 주식이나 채권을 의미한다.

채권은 일정한 시점에 원금과 이자를 지급하겠다는 채무자의 약속을 담은 증서이며, 주식은 기업의 소유권을 나타내는 권리 증서다. 회계 기준상 유가증권은 보유 목적에 따라 단기매매증권, 매도가능증권, 만기보유증권으로 나뉘며, 이 중 단기매매증권은 단기투자자산에 포함된다.

단기매매증권이란 일종에 기업의 주식투자라고 보면 쉽다. 단기 시세차익을 목적으로 언제든지 판매 가능성이 있는 투자자산을 뜻하는데 투자에 성공해 수익이 발생할 경우 영업외수익에 잡힌다.

유동성이 높은 증권은 곧바로 현금화가 가능한 경우가 많기 때문에 현금 및 현금성 자산과 동일하게 봐도 무방하다. 워런 버핏이 현금 및 현금성 자산을 일종의 주식 프리미엄으로 본 것처럼 유가증권 역시 주식 프리미엄으로 볼 수 있다.

다. 매출채권

기업은 제품을 판매할 때 현금을 직접 수령하거나 외상으로 판매하는 방식 중 하나를 선택할 수 있다. 외상으로 판매할 경우 '매출채권'이 발생하게 되는데, 이는 두 가지 형태로 나뉜다. 기업이 외상으로 물건을 팔고 어음을 받는 경우에는 '받을어음'으로 분류되고, 어음 없이 외상으로 거래한 경우에는 '외상매출금'으로 기록된다. 재무제표에서는 이 둘을 통합하여 '매출채권' 항목으로 표시한다.

누구나 장사를 하면서 제품을 판매할 때, 현금으로 받을지 어음으로 받을지를 선택하라고 하면 당연히 현금을 선택할 것이다. 이는 기업도 마찬가지다. 기업 운영에 있어 가장 바람직한 자산은 단연코 현금이다. 하지만 규모가 큰 기업일수록 모든 거래를 현금으로 처리하는 것은 현실적으로 어렵다. 이런 이유로 매출채권은 기업 활동에서 어쩔 수 없이 발생하는, 일종의 '필요악'이라 할 수 있다.

매출채권은 기업 운영에 불가피하게 발생하는 자산이지만, 가능한 빠르게 현금으로 전환되는 것이 바람직하다. 따라서 기업의 매출채권이 얼마나 빠르게 현금화되는지를 평가하는 것이 중요하며, 이를 위해 매출채권 회전율과 회수 기간을 분석한다.

매출채권 회전율 = 매출액/ 매출채권
매출채권 회수기간 = 365/매출채권회전율

예를 들어 A기업이 연말 기준으로 약 500억 원의 매출채권을 보유하고 있고, 연간 매출액이 1조 원이라고 가정해 보자. 모든 매출이 외상으로 발생해 이후 현금화된다고 가정하면, 매출채권은 연간 20회(1조/500억) 회전한 것을 알수있다. 이는 곧 500억 원 규모의 매출채권이 1년에 20번 현금화되었다는 의미이기도 하다.

이 같은 회전율을 일수로 환산하면 365일 ÷ 20회 = 약 18.2일이 된다. 즉 A기업은 평균적으로 약 18.2일마다 매출채권을 현금으로 회수하고 있다는 의미다.

이렇게 구해진 매출채권 회수기간은 과거 연도의 회계자료와 비교해 볼 수 있다. 만약 기업의 사업 구조나 영업 방식에 큰 변화가 없었다면, 매출채권 회수기간 역시 유사한 수준을 유지하는 것이 일반적이다. 하지만 특정 연도에 이 회수기간이 급격히 길어졌다면 주의가 필요하다. 이는 외상판매의 비중이 갑자기 늘어나 밀어내기식 영업을 했거나, 심할 경우 회계 조작 가능성까지 의심해볼 수 있는 경고 신호이기 때문이다.

또한, 매출채권 회수기간은 기업이 장기적인 지급 수단에 의존할수록 더욱 면밀히 살펴볼 필요가 있다. 예를 들어, 거래 관행상 어음 결제가 일반화된 기업은 구조적으로 현금 유동성이 부족해질 가능성이 크다. 이로 인해 기업은 어음을 할인해 현금을 조달하려 하며, 결과적으로 매출 대비 이익률이 낮아질 수 있다. 나아가 장기 결제 방식에 과도하게 의존하면 기업은 유동성 위기에 직면할 수 있으며, 특히 할부 방식의 판매 비중이 높은 기업일수록 이러한 위험 요소를 주의 깊게 분석해야 한다.

라. 대손충당금 및 대손상각비

대손충당금은 매출채권이 회수되지 않을 가능성에 대비해 미리 설정해두는 금액이다. 기업 입장에서 매출채권이 회수되지 않으면 이는 손실, 즉 비용으로 처리되어야 한다. 따라서 거래처의 파산 등으로 채권 회수가 사실상 불가능해지는 경우, 기업은 사전에 적립해둔 대손충당금 중 일부를 대손상각비로 인식해 판매비와 관리비 항목으로 회계처리한다. 이처럼 대손충당금은 상황에 따라

확정되기 전까지 자산의 성격을 지닌다고 볼 수 있다.

마. 기타 당좌자산

기타 당좌자산에는 선급비용, 선급금, 미수금, 미수수익 등이 있다. 먼저 선급비용이란 기업이 미리 지불한 비용으로 실제적으로는 기업의 자산이다. (예, 1년 치 선지급임대료 등)

선급비용과 비슷한 개념으로 선급금이 있는데 이것은 원재료 매입등 기업의 직접적인 영업활동을 위해 다른 기업(거래처)에 미리 지불한 돈을 뜻한다.

미수금이란 기업이 아직 받지 못한 돈으로 매출채권과 달리 주된 영업활동 이외에서 발생한 채권을 뜻한다. 미수수익은 월말에 받기로 한 임차료처럼 수익이 발생했으나 아직 권리가 확정되지 않은 수익을 뜻한다.

2) 유동자산의 이해 (재고자산)

가. 재고자산이란

재고자산은 유동자산의 한 종류로, 제조나 가공 과정을 거친 후 판매를 통해 현금으로 전환될 수 있는 자산을 말한다. 이는 기업의 주된 영업활동과 밀접하게 관련된 자산으로, 상품이나 제품, 원재료 등이 여기에 포함된다.

예를 들어, 현대자동차 공장 앞에 대기 중인 신차들이나 삼성전자 물류창고에 보관된 갤럭시 스마트폰 등이 대표적인 재고자산이다.

재고자산의 형태는 업종에 따라 달라질 수 있다. 부동산 매매업체의 경우 보유 중인 부동산이 재고자산에 해당하지만, 일반 제조업체가 보유한 부동산은 재고자산이 아니라 투자자산으로 분류된다.

재고자산은 '과유불급'이라는 말이 가장 잘 어울리는 자산으로, 적어도 문제, 많아도 문제다. 재고는 기본적으로 저장이 필요한 자산이기 때문에 보관하는 데 비용이 수반된다. 기업은 완성된 제품을 판매되기 전까지 창고에 보관해야 하는데, 이 과정에서 창고

임대료, 관리비 등의 추가 지출이 발생하게 된다. 따라서 재고가 늘어나면 보관 비용도 함께 증가한다.

이보다 더 큰 문제는 자금이 재고자산에 묶이면서 기업의 유동성이 떨어진다는 점이다. 재고자산이 많아질수록 현금이 자산 형태로 고정되기 때문에, 기업은 운영 자금을 확보하기 위해 보유한 현금을 줄이거나 외부로부터 자금을 빌려야 하는 상황에 직면하게 된다.

이는 결국 유동성 위기를 초래할 수 있다. 이런 이유로 기업들은 현금 흐름을 원활하게 만들기 위해 재고자산을 할인 판매하게 되는데 이는 결국 이익률 저하로 이어진다.

재고자산이 적시에 판매되지 않고 누적될 경우, 이는 기업에 막대한 손실로 이어질 수 있다. 대부분의 재화는 시간이 지날수록 가치가 하락하는 속성을 지니고 있기 때문이다. 이로 인해 기업은 재고를 처분하기 위해 어쩔 수 없이 판매가를 대폭 인하하거나, 경우에 따라서는 원가 이하로 판매해야 할 상황에 직면하게 된다. 이러한 조치는 결국 기업의 이익률을 크게 훼손하는 결과를 초래한다.

재고자산은 많아도 문제지만, 부족할 경우에도 기업에 부정적인 영향을 미친다. 예를 들어, 특정 제품의 대중적 인기에 힘입어 수요가 급격히 증가했을 때, 재고가 충분하지 않으면 고객의 요구를 제때 충족시키지 못하게 된다. 이는 곧 소비자를 놓치는 결과로 이어지며, 기업 입장에서는 실제로 발생할 수 있었던 매출을 실현하지 못하는 잠재적 손실로 이어진다.

이 같은 제품들은 주변에서 쉽게 찾아볼 수 있다. 예를 들어 선풍적인 인기를 끌었던 허니버터칩이나, LG전자의 스탠바이미, 점보도시락 같은 제품들이다.

이러한 제품들은 엄청난 인기에 힘입어 중고 사이트에서 오히려 실제 제품가격에 웃돈을 주고 거래되었다. 물론 기업이 전략적으로 생산량을 조절했을 가능성도 있지만, 이처럼 가격이 비정상적으로 형성된 경우 공급 자체가 부족했을 가능성이 높다.

나. 재고자산의 평가

재고자산은 그 특성상 반드시 적절한 평가 절차를 거쳐야 한다. 예를 들어, 만약 삼성전자가 2015년에 생산한 갤럭시S6 1만 대를 2025년까지 재고로 보유하고 있다고 가정해 보자. 이 재고가 장부에는 총 100억 원으로 기록되어 있을 수 있다. 하지만 2025년 현재 시점에서 갤럭시S6 1만 대가 과연 실제로 얼마의 가치를 지닐까? 평가 이전에 과연 이 제품이 시장에서 판매조차 가능할까 하는 의문이 먼저 들 것이다.

반대로 POSCO는 2015년에 생산한 철강 1만 톤을 보유하고 있다고 가정해 보자. 장부에는 해당 재고자산이 100억 원으로 기록되어 있다. 원자재의 경우 시간이 지나도 가치가 급격히 하락하지 않는 특성이 있다.

때문에, POSCO는 2025년에도 2015년에 생산한 철강 백만(보관이 잘되었다는 가정) 톤을 여전히 100억 원에 판매할 수 있다. 오히려 그사이 철강 가격이 상승했다면 100억 원 이상으로 판매하는 것도 가능하다.

이처럼 재고자산은 재화의 특성에 따라 시간이 지나면서 가치가 급락하기도 하고, 반대로 올라가는 경우도 있다. 이러한 특성 때문에 기업이 보유한 재고자산은 업종의 성격에 맞게 평가 방식에 차별을 둬야 한다.

예를 들어, 의류나 전자기기처럼 제품의 생명 주기가 짧고 시간이 지날수록 가치가 빠르게 하락하는 업종의 경우, 재고자산을 보다 보수적으로 평가하는 것이 바람직하다.

반면, 철강이나 정유 산업처럼 제품의 가치가 시간에 크게 영향을 받지 않는 경우라면 장부에 기재된 금액을 그대로 인정해도 큰 문제가 없다.

다. 재고자산회전율과 분식회계

재고자산을 활용한 대표적인 재무비율로는 재고자산 회전율이 있다.

재고자산회전율 = 매출원가/재고자산

재고자산회전기간 = 365/재고자산회전율

예를 들어 A기업이 50억 원 규모의 재고자산을 보유하고 있다고 가정해 보자. 일반적으로 기업은 이러한 재고자산을 판매하여 매출을 창출한다. 만약 A기업이 1년 동안 총 1,000억 원의 매출을 올렸다면, 이는 연간 약 20회에 걸쳐 재고자산이 판매되었음을 의미한다. (1,000억 원 ÷ 50억 원 = 20회)

재고자산회전율이 높다는 것은 제품이 생산된 후 빠르게 판매되고 있다는 뜻이다. 이는 기업 입장에서 긍정적인 신호로, 상품이 잘 팔리고 생산과 판매 과정이 효율적으로 이루어지고 있음을 보여준다.

재고자산회전율은 제품의 제조 기간과 함께 고려할 필요가 있다. 예를 들어, 제품 제조에 5주가 걸리고 재고자산 회전기간이 20주라면, 15주는 제품이 생산된 후 창고에 보관되어 있다는 뜻이다. 이처럼 장기간 보관은 보관 비용을 발생시키고, 이는 곧 기업의 수익성에 부정적인 영향을 미친다. 따라서 보관 기간은 짧을수록 바람직하며, 제품 특성에 맞는 최소한의 보관 기간을 유지하는 것이 이상적이다.

재고자산회전율은 업종 내 유사 기업 간의 비교 분석에 효과적으로 활용될 수 있다. 예를 들어, 세 개의 패션 기업이 유사한 매출액을 기록하고 있을 때, 재고자산회전율이 낮은 기업일수록 불필요한 재고 보유를 줄인다는 뜻이다. 즉 상대적으로 더 높은 영업이익과 우수한 실적을 기대할 수 있다.

반면, 철강업계처럼 재고자산 회전 속도가 업종 특성상 느린 경우에는 회전율의 차이가 기업 실적에 큰 영향을 주지 않는다. 다만 철강 가격이 상승하는 시기에는 재고를 빠르게 회전시키는 기업이 유리한 위치를 점할 수 있는데, 이는 더 높은 가격에 판매함으로써 영업이익이 증가하는 효과를 누릴 수 있기 때문이다.

또한, 재고자산 회전율은 기업의 분식회계와 같은 이상 징후를 조기에 포착할 수 있는 지표로 활용될 수 있다. 일반적으로 기업의 사업 구조나 영업 방식에 큰 변화가 없다면, 재고자산 회전율은 해마다 유사한 수준을 유지하는 것이 일반적이다. 따라서 어느 해 특정 시점에 재고자산 회전율이 급격히 증가했다면, 이는 기업의 경영에 이상이 생겼을 가능성을 의심해볼 필요가 있다.

예를 들어, 매출액에 비해 재고자산이 과도하게 늘어났다면, 이는 향후 수요 증가를 예상해 재고를 선제적으로 확보한 것일 수도 있지만, 동시에 재무제표를 부풀리기 위한 분식회계의 신호일 수도 있다. 이럴 경우, 해당 기업의 제품 수요와 시장 인기를 함께 고려해 판단해야 한다.

기업 제품의 인기도를 고려하면 상황을 보다 쉽게 파악할 수 있다. 만약 재고자산이 급격히 증가한 시점에 특정 제품의 수요가 급등했다면, 이는 경영진이 향후 판매를 대비해 재고를 미리 확보한 결과로 해석할 수 있다. 반면, 별다른 인기 제품 출시나 수요 증가 신호 없이 매년 유사한 영업활동을 이어가던 기업이 갑자기 재고자산만 크게 늘렸다면, 이는 분식회계 가능성을 의심해볼 만한 상황이다

라. 순이익 증가를 위한 재고자산의 분식회계

손익계산서는 기업의 매출부터 영업이익, 순이익에 이르기까지 전반적인 수익성과 비용 구조를 파악할 수 있는 재무제표다. 이 중 손익계산서 최상단에는 매출액 항목이 있는데 여기서 매출원가를 빼면 매출총이익이 된다.

일부 기업들은 분식회계를 목적으로 매출원가를 의도적으로 낮춰 매출총이익을 높이는 수법을 사용하기도 한다.

여기서 말하는 매출원가는 판매를 기다리고 있는 재고자산의 원가 전체를 의미한다. 그러나 기업회계 기준상 매출원가를 하나하나 정확히 산출하는 것은 현실적으로 어렵기 때문에, 보통은 재고자산의 기초·기말의 차이를 이용해 계산한다.

매출원가 = 기초재고액+당기매입액-기말재고액

위 식을 보면 매출원가를 낮추는 방법은 기초재고액, 당기 매입액을 낮추거나 기말재고액을 높이는 방법이 있다. 그러나 기초재고액은 직전년도 회계에서 이미 마무리된 금액이기 때문에 조정이 불가능하다.

이에 따라 기업은 매출원가를 조정하기 위해 당기매입액을 줄이거나 기말 재고자산을 늘리는 방식을 취하기도 한다. 이처럼 매출원가가 낮아지면 매출총이익이 증가하고, 이는 결국 당기순이익의 상승으로 이어져 기업 전체 실적이 개선된 것처럼 보이게 된다.

이 지점에서 분식회계의 전형적인 수법인 재고자산 조정이 드러난다. 기업은 기말재고를 비정상적으로 부풀려 매출원가를 인위적으로 낮추는 방식으로 이익을 조작한다. 흔히 쓰이는 방법으로는 실제로는 가치가 거의 없는 재고자산을 여전히 장부상 자산으로 남겨두거나, 존재하지 않는 재고를 허위로 기재하는 방식이 있다.

반면 당기매입액과 관련해서는, 해당 연도에 실제로 매입한 자산을 누락하거나, 연말에 매입한 자산을 다음 회계연도로 이월하는 등의 방법이 활용된다.

3) 비유동자산의 이해

자산의 두 번째 형태인 비유동자산은 1년 이내 현금화가 어려운 자산을 뜻한다. 이러한 자산에는 투자자산, 유형자산, 무형자산, 기타 비유동자산 등이 있다.

[비유동자산]	287,469,682
・기타비유동금융자산	11,756,681
・관계기업 및 공동기업 투자	12,592,117
・유형자산	205,945,209
・무형자산	23,738,566
・기타	33,437,109

삼성전자 제56기 비유동자산 항목 〈출처 삼성전자 사업보고서〉

가. 비유동자산_투자자산

비유동자산의 주요 구성 항목 중 하나인 투자자산에 대해 알아보자. 대다수의 기업들은 개인과 마찬가지로 남은 돈을 가지고 여러 곳에 투자를 한다. 즉 영업활동과 관계없이 여유자금을 활용해 투자수익을 위해 자산을 취득하는 것이다. 이러한 자산 중 1년 이상 보유를 목적으로 갖고 있는 자산이 비유동자산의 투자자산이 되는 것이다. 투자자산에는 부동산, 장기투자증권, 지분법 적용 투자증권, 장기금융상품 및 장기대여금 등을 들 수 있다.

부동산

투자자산에서 부동산의 경우 기업의 보유 목적에 따라 평가 항목이 달라진다. 같은 부동산이라 할지라도 시세차익을 목적으로 보유하고 있는 부동산은 투자자산이 되며 임대수익을 목적으로 하는 경우 유형자산, 부동산 매매업자가 판매 목적으로 보유하면 재고자산이 된다.

장기투자증권

장기투자증권이란 양도차익, 배당수익, 이자수익 등을 목적으로 보유한 유가증권을 뜻한다. 장기투자증권은 만기까지 보유할 목적인 증권은 만기보유증권, 그렇지 않으면 매도가능증권으로 분류된다.

지분법적용 투자주식

같은 유가증권이라 할지라도 보유 규모와 실질적 관계에 따라 투자증권이 아닌 지분법적용 투자주식으로 분리되는 경우가 있다. 보유 중인 주식의 비율이 해당 기업의 전체 발행 총수의 20%를 초과했거나 해당 기업에 중대한 영향력을 행사할 수 있을 경우 단순 투자증권이 아닌 지분법적용 투자주식으로 분류된다.

지분법적용 증권은 자산 가치를 취득원가나 공정가치가 아닌 피투자기업의 순자산에 대한 지분비율로 평가한다. 예를 들어 연초에 A기업의 주식(지분 10% 규모)을 10억 원을 주고 구입한 유가증권이 연말에 가격 상승으로 인해 15억 원이 됐다고 가정해 보자. 이 경우 투자증권으로 분류된 경우에는 5억 원의 시세 차익이 발생한다. 하지만 지분법적용 증권의 경우 단순 시세차익이 아닌 해당 기업의 순자산 변동에 따라 금액을 인식해준다. A기업이 1년간 순자산 규모가 100억에서 150억 원으로 증가했다면 변동금액인 50억 중 지분비율은 10%만큼을 지분법적용 투자수익으로 인식하는 것이다. 지분법적용 주식은 투자 비중에 따라 영업외수익으로 처리된다.

이처럼 관계기업을 지분법으로 적용하는 이유는 지분 보유 기업의 실적에 영향을 끼치기 때문이다. 예를 들어 투자기업의 실적이 악화된 경우 투자기업은 피투자기업에 높은 배당을 강요해 실적을 부풀릴 가능성이 있다. 하지만 지분법적용 주식은 순자산으로 평가되기 때문에 배당을 받았다 할지라도 순자산 유출로 인해 결국 결과적으로 변동이 없다.

(단위 : 백만원)

기 업 명	기초	지분법평가 내역			기말
		지분법손익	지분법자본변동	기타증감액(*)	
삼성전기㈜	1,841,393	164,841	81,782	(20,347)	2,067,669
삼성에스디에스㈜	1,966,206	172,708	28,678	(47,175)	2,120,417
삼성바이오로직스㈜	3,073,595	336,256	(3,789)	-	3,406,062
삼성SDI㈜	2,912,564	(37,454)	62,344	(13,463)	2,923,991
㈜제일기획	669,363	59,476	21,954	(32,232)	718,561
삼성코닝어드밴스드글라스(유)	138,938	4,389	(130)	(19)	143,178
기타	1,165,385	50,828	42,908	(46,882)	1,212,239
계	11,767,444	751,044	233,747	(160,118)	12,592,117

2024년 삼성전자 사업보고서 기준 지분법평가 내역 〈출처: 삼성전자 사업보고서〉

매도가능증권

단기매매증권과 만기보유증권에 속하지 않는 모든 유가증권을 뜻한다. 당장 현금화하기는 쉽지 않으나 경우에 따라 현금화가 가능한 자산을 뜻한다.

만기보유증권

기업이 채권의 만기일까지 보유할 목적으로 보유한 증권을 뜻한다. 만기가 있는 증권은 오직 채권뿐이기 때문에 주식은 해당사항이 없다.

장기금융상품 및 장기대여금

　장기금융상품이란 금융기관이 취급하는 정기예금 정기적금처럼 사용이 제한되어 있는 1년 이상의 금융상품을 뜻한다. 기업에 장기금융상품 많을수록 현금 유동성이 풍부하다고 볼 수 있으나 반대로 투자 여력이 있음에도 불구하고 효율적 투자를 못 하고 있다고도 볼 수 있다. 장기대여금 이란 원금회수일이 결산일로부터 1년 이후인 대여금을 뜻한다.

나. 비유동자산_유형자산

　기업은 영업활동을 수행하기 위해 부동산, 공장, 기계, 차량, 선박, 비품 등 다양한 자산을 취득한다. 이 중 물리적인 형태를 가진 자산을 '유형자산'이라 부른다. 유형자산이란 실체가 있는 자산으로, 통상 1년 이상 기업의 정상적인 영업활동에 사용될 목적으로 보유되는 자산을 의미한다.

　유형자산은 장부에 기록된 금액만을 기준으로 판단해서는 안 된다. 대부분의 경우, 장부가액은 실제 시장에서의 자산 가치와 차이가 있다. 예를 들어, 기업이 영업 목적으로 5,000만 원에 구입한 차량이 있다고 하자. 이 차량은 세금, 등록비, 보험료, 기타 부대비용 등을 포함해 장부에는 약 6,000만 원으로 기록된다. 하지만 시간이 지나면서 감가상각이 발생하고 시장에서의 평가도 달라지기 때문에 실제 중고차 가격은 3,000만 원 이하인 경우가 많다.

반대로 유형자산 중에는 자산재평가가 이루어지지 않아 실제보다 낮은 가치로 장부에 반영되어 있는 경우도 있다. 예를 들어 토지처럼 시간이 지날수록 희소성과 입지 조건에 따라 가치가 오르는 자산은 대표적인 사례다.

A기업이 30년 전 강남에 위치한 사옥 부지를 10억 원에 매입했다면, 현재 시점에서는 그 가치는 훨씬 높아졌을 가능성이 크다. 기업은 이러한 시세차익을 회계상 반영하기 위해 자산재평가를 실시해 장부가를 조정한다.

하지만, 이는 법적 의무가 아니기 때문에 이를 시행하지 않는 기업들도 있다. 시장에서는 보통 이러한 주식을 자산주라 하며 숨겨진 자산 가치에 의해 저평가 되어 있다고 본다. 그러나 일반적으로 숨겨진 자산 가치는 이미 주가에 반영되어 있는 경우가 많다.

최근에는 이 같은 회계상 부동산 가격 차익보다는 부동산 개발에 따른 수혜 가치를 더욱 크게 본다. 예를 들어, 국제 행사 유치, 대규모 관광특구 조성 등의 개발 호재로 인한 기업 부동산 가치

상승을 더욱 주목하는 것이다.

이는 일반적인 부동산 투자방식과 유사하다. 실제로 과거 평창 올림픽이나 인천 송도 개발과 같은 사례에서도 해당 지역 부동산을 보유한 기업들의 주가가 크게 상승한 적이 있다.

유형자산의 감가상각

토지를 제외한 대부분의 유형자산은 시간이 흐르면서 점차 그 가치가 줄어든다.(토지는 사라지지 않기 때문에 감가상각하지 않는다) 회계에서는 이러한 자산 가치의 감소를 반영해 일정한 기준에 따라 비용으로 처리하는데, 이를 감가상각비라고 한다.

예를 들어 A기업이 5억원을 주고 트럭 5대를 구입했다고 가정해 보자. 1년뒤 트럭의 가치는 특별한 이벤트가 없는 한 5억 원 이하로 떨어지게 된다. 트럭이 중고차가 되는 순간부터는 그 가치는 더 이상 취득 당시의 금액에 미치지 못하게 된다. 이처럼 자산은 시간이 지남에 따라 점차 가치가 줄어드는데, 이러한 가치 하락을 일정한 기준에 따라 체계적이고 합리적으로 비용으로 반영하는 것이 바로 감가상각비다.

TIP 감모상각

석유, 광물, 목재, 가스등과 같이 채굴 등으로 이해 감소하는 가치를 상각하는 방법.

유형자산의 평가

기업이 유형자산을 보유하는 주된 목적은 이를 활용해 수익을 창출하는 데 있다. 따라서 유형자산의 적정성은 매출액과의 비교를 통해 평가할 수 있다.

예를 들어 음식점은 조리기구와 같은 유형자산을 사용해 영업을 하므로, 해당 자산이 창출한 매출액과 비교해 유형자산의 규모나 효율성이 적절한지를 판단할 수 있다.

유형자산 회전율 = 매출액/유형자산

유형자산 회전율은 일반적으로 높을수록 바람직하다. 이는 상대적으로 적은 유형자산으로 높은 매출을 만들어 냈다는 뜻이다. 즉 유형자산을 효율적으로 사용했다는 뜻이다.

예를 들어, 10평 규모의 식당에서 연간 10억 원의 매출을 만드는 경우와 100평 규모의 식당에서 연간 10억 원의 매출을 만드는 경우를 비교했을 때 10평 규모의 식당이 더욱 효율적이라 볼 수 있다.

기업의 이상 신호

유형자산회전율은 기업의 경영 상태를 진단하는데 유용한 지표다. 일반적으로 사업 구조에 큰 변화가 없다면, 기업은 일정 수준의 유형자산회전율을 유지하는 것이 정상이다.

그러나 문제가 생기면 회전율이 점차 하락하는 경향을 보인다. 예를 들어, 2억 원의 유형자산을 보유한 통닭집이 매년 10억 원의 매출을 올리다가 손님 감소로 인해 매출이 5억 원으로 줄어들면, 유형자산회전율은 기존의 5에서 2.5로 떨어지게 된다.

또한 매출액이 줄지 않았음에도 불구하고 유형자산이 비정상적으로 증가한 경우에도 유형자산 회전율은 하락하게 된다. 예를 들어 통닭집 사장이 튀김기계를 한 대 더 구매했다고 가정해 보자. 일반적으로 이런 투자는 주문량이 많아 기존 장비만으로는 수요를 감당하기 어려울 때 이루어진다.

하지만 실제로는 매출이 정체되었거나 오히려 줄어드는 상황에서 튀김기계를 구입했다면 이는 일반적인 경영 판단으로 보기 어렵다. 다시 말해, 매출은 그대로인데 유형자산만 늘어난 경우에는 경영의 효율성에 의문이 생기며, 경우에 따라 회계 조작 등의 가능성도 염두에 둘 필요가 있다.

정상적으로 잘 운영되는 기업이라면 유형자산도 증가하고 매출액도 증가하기 마련이다. 이에 따라 유형자산 회전율은 거의 비슷한 수준을 유지하게 된다.

다. 비유동자산_무형자산

무형자산이란 말 그대로 형태가 없는 자산을 의미한다. 물리적인 형체는 없지만, 기업의 영업활동을 위해 임대하거나 관리·사용된다는 점에서 유형자산과 동일한 자산으로 분류된다. 대표적인 예로는 영업권, 산업재산권, 개발비, 상표권, 특허권, 임차권 라이선스, 프랜차이즈, 컴퓨터 소프트웨어, 임차보증금, 광업권, 어업권 등이 있다.

무형자산은 원칙적으로 내용연수(상각 기간)가 20년을 초과할 수 없으며, 자산 가치가 급격히 하락한 경우에는 회수가능액으로 조정하고, 그 차액은 손상차손으로 처리한다. (이는 유형자산과 동일한 방식이다.) 단, 무형자산의 내용연수가 무한한 경우에는 상각을 하지 않고, 자산손상평가만 적용한다.

무형자산의 대표적인 항목인 영업권은 기업이 보유한 우수한 경영진, 영업망, 신용도 등에서 동종 업계 대비 높은 평가를 받는 무형의 가치를 의미한다. 다만, 회계상에서는 사업 결합 등 외부 거래를 통해 취득한 영업권만을 자산으로 인정하며, 기업 내부에서 형성된 내부 영업권은 자산으로 계상하지 않는다.

한편, 산업재산권이란 기업이 개발한 기술이나 방법 등에 대해 국가로부터 독점적·배타적으로 사용할 수 있는 권리를 말한다. 대표적인 예로는 특허권, 실용신안권, 디자인권(의장권), 상표권, 상호권, 상품명 등이 있다.

무형자산의 평가

무형자산은 최대한 보수적으로 평가할 필요가 있다. 기업이 경영악화로 문을 닫을 때 무형자산인 영업권, 상표권, 특허권 등을 현금화 시키기란 불가능에 가깝기 때문이다.

따라서 재무상태표에서 무형자산 규모가 적을수록 좋다. 무형자산이 과도하게 있을수록 기업의 총자산이 가치 이상으로 부풀려지는 경우가 발생하기 때문이다. 따라서 무형자산이 존재하더라도 이를 신속하게 상각 처리하는 기업이 더 건전한 회계정책을 운용하는 것으로 볼 수 있다.

라. 비유동자산_기타비유동 자산

비유동자산 중에서도 투자자산, 유형자산, 무형자산에 해당하지 않는 자산은 '기타비유동자산'으로 분류된다. 이 항목에는 이연법인세자산, 보증금, 장기성매출채권, 장기미수금 등이 포함된다.

예를 들어, 보증금은 계약이 종료되면 돌려받는 금액이지만, 그 특성상 일정 기간 동안 수익을 창출하지 않기 때문에 투자자산이 아닌 기타비유동자산으로 분류된다.

3. 부채의 이해 (유동·비유동부채)

부채란 기업이 외부에 갚아야 할 의무를 의미한다. 단순한 금전적 채무뿐 아니라 재화나 용역에 대한 지급 의무까지 포함된다.

일반적으로 1년 이내에 갚아야 하는 부채는 '유동부채'로, 그보다 더 긴 기간 후에 갚는 부채는 '비유동부채'로 구분된다.

부채는 그 성격에 따라서도 나뉜다. 먼저, 지급 금액과 시점이 명확히 정해진 부채는 '확정부채'로 분류되고 지급 시기나 지급 대상이 명확하지 않은 경우에는 '추정부채'로 구분한다. 대표적인 예로 퇴직급여에 대비해 설정하는 충당부채가 있다.

한편, 지급 의무가 아직 확정되지 않은 상태의 부채는 '우발채무'라 하며, 이는 재무제표 본문이 아닌 주석에 별도로 기재한다.

(단위 : 백만원)

	제 56 기	제 55 기	제 54 기
부채			
유동부채	93,326,299	75,719,452	78,344,852
매입채무 (주4,28)	12,370,177	11,319,824	10,644,686
단기차입금 (주4,5,12,28)	13,172,504	7,114,601	5,147,315
미지급금 (주4,28)	18,547,365	15,324,119	17,592,366
선수금 (주17)	1,841,420	1,492,602	1,314,934
예수금 (주4,28)	991,812	892,441	1,298,244
미지급비용 (주4,17,28)	29,613,258	26,013,273	29,211,487
당기법인세부채	4,340,171	3,358,715	4,250,397
유동성장기부채 (주4,12,13,28)	2,207,290	1,308,875	1,089,162
충당부채 (주15)	8,216,469	6,524,876	5,844,907
기타유동부채 (주4,17,28)	2,025,833	2,308,472	1,951,354
매각예정분류부채 (주33)	0	61,654	0
비유동부채	19,013,579	16,508,663	15,330,051
사채 (주4,13,28)	14,530	537,618	536,093
장기차입금 (주4,12,28)	3,935,860	3,724,850	3,560,672
장기미지급금 (주4,28)	5,510,455	5,488,283	2,753,305
순확정급여부채 (주14)	521,410	456,557	268,370
이연법인세부채 (주25)	528,231	620,549	5,111,332
장기충당부채 (주15)	3,120,044	2,878,450	1,928,518
기타비유동부채 (주4,17,28)	5,383,049	2,802,356	1,171,761
부채총계	112,339,878	92,228,115	93,674,903

삼성전자 부채 항목 〈출처 삼성전자 사업보고서〉

1) 유동부채의 이해

가. 유동부채란

 유동부채란 기업이 부담하는 부채 중에서 1년 이내 또는 정상적인 영업주기 내에 상환해야 하는 부채를 의미한다. 대표적인 항목으로는 단기차입금, 매입채무, 미지급비용, 당기법인세부채, 기타 유동부채 등이 포함된다.

 상환 시점이 짧기 때문에, 일시적으로 기업의 현금 유동성이 부족할 경우 부도 위험으로 이어질 수 있는 잠재적인 리스크를 안고 있다.

 그러나 유동부채가 항상 부정적인 것은 아니다. 예컨대, 성수기와 같은 시기에 이를 전략적으로 활용하여 자금을 조달하고 생산과 매출을 확대했다면, 오히려 효율적이고 긍정적인 재무 운용으로 평가될 수 있다.

나. 단기차입금

 기업이 외부로부터 자금을 조달할 때, 상환 기간이 1년 이내인 경우는 단기차입금으로, 1년을 초과하면 장기차입금으로 분류한다.

일반적으로 기업은 자금을 장기차입금 형태로 조달한 뒤, 시간이 흐름에 따라 상환 기간이 가까워지면 이 차입금이 단기차입금으로 전환된다. 그러나 이러한 정상적인 절차를 거치지 않고 처음부터 특정 연도에 단기차입금으로 자금을 빌렸다면, 이는 주의 깊게 살펴봐야 한다.

정상적인 기업이라면 보통 1년 이상의 장기자금을 금융기관에서 조달하는 것이 일반적이다. 반면, 단기차입금으로 직접 자금을 빌린 경우, 기업의 자금 사정이 악화되어 급하게 단기 자금을 마련했을 가능성이 높기 때문이다.

다. 매입채무

매입채무란 기업이 영업 과정에서 원재료나 상품, 용역 등을 외상으로 구입하고 그에 대한 대금을 향후 지급하기로 한 채무를 말한다. 쉽게 말해 외상거래에서 발생한 빚이며, 대표적으로 외상매입금과 지급어음으로 구분된다. 지급어음은 거래 후 일정한 만기를 정해 어음을 발행한 경우이고, 외상매입금은 어음 없이 단순히 외상 형태로 대금을 미룬 것이다.

다시 말해 두 거래 모두 외상이지만, 지급어음은 어음을 작성했다는 점에서 외상매입금과 구분된다. 요약하면, 매입채무는 외상 거래에서 생긴 빚이며, 어음을 작성했느냐에 따라 지급어음과 외상매입금으로 나뉜다고 볼 수 있다.

매입채무는 기업의 영업활동에서 비롯된 부채로, 재고자산과 깊은 연관이 있다. 보통 매입채무가 증가하면 재고자산도 함께 증가하는 경향이 있으며, 매입채무를 상환하면 그만큼 현금이 감소하게 된다. 결국 매입채무는 기업의 자금이 현금에서 재고자산으로 전환되는 과정에서 발생하는 부채라고 볼 수 있다.

지급어음

유동부채 중에서 특히 유의해야 할 항목은 지급어음이다. 지급어음은 만기가 명확히 정해진 어음으로, 외상 매입 대금을 지급하기 위해 발행된 채무 증서다. 이러한 지급어음은 정해진 날짜에 반드시 결제해야 하므로, 자금 사정이 여의치 않아 기한 내에 결제하지 못할 경우 부도 위험으로 이어질 수 있다. 이 때문에 지급어음 금액이 상당한 경우 주의 깊게 볼 필요가 있다.

만약 지급어음의 규모가 기업이 보유한 현금과 매출채권의 합계

보다 크다면, 이는 타인자본에 대한 의존도가 매우 높다는 의미이다. 이러한 상태에서 영업 활동에 차질이 생기고 재고자산의 현금화가 지연된다면, 기업은 단기간에 유동성 위기에 빠질 수 있다.

또한 지급어음의 증가 속도가 과거의 매출 성장률이나 수익 증가율보다 빠르다면, 이는 기업의 재무건전성이 악화되고 있음을 시사한다. 결국 지급어음이 많아질수록 기업의 재무 구조는 더 취약해진다고 볼 수 있다.

외상매입금

가치투자의 대가 워런 버핏은 유동부채 항목 중 유일하게 외상매입금 만큼은 긍정적으로 평가했다. 외상매입금은 특성상 만기가 정해져 있지 않으면서도 이자를 지급할 필요가 없어 기업 측면에서는 그만큼의 이자비용이 절약되기 때문이다. 즉 외상매입금은 기업 입장에서 상대적으로 이자비용이 없는 훌륭한 자금 조달 방법이 될 수 있는 것이다.

라. 미지급비용

미지급비용이란 급여, 보험료, 임차료처럼 계약에 의해 지급 의무가 발생했지만, 아직 실제로 지급되지 않은 채무를 말한다. 이는 회계의 발생주의 원칙에 따라 비용이 발생했으나 아직 현금으로 지출되지 않은 경우에도 이를 부채로 인식하기 때문이다.

대표적인 예로는 미지급 보험료나 미지급 임차료 등이 있다. 반면, 미지급금은 이러한 미지급비용을 정해진 기한 내에 지불하지 못해 실제로 연체된 부채를 의미한다. 예를 들어 근로소득세, 법인세의 미납분이나 판매 관련 수수료 등이 이에 해당한다.

마. 기타유동부채

기타 유동부채에는 선수금, 선수수익, 예수금 등이 포함된다. 이 중 선수금은 상품 판매에 앞서 거래처로부터 미리 받은 대금을 의미하고, 선수수익은 용역 제공과 관련하여 계약 상대방으로부터 사전에 받은 금액을 뜻한다. 반면 예수금은 세금과 관련된 항목으로, 거래처로부터 징수한 부가가치세나 직원들의 급여에서 원천징수한 세금 등이 여기에 해당된다.

2) 비유동부채 이해

가. 비유동부채와 자금조달 방법

비유동부채는 상환 기간이 1년을 초과하는 부채를 의미하며, 대표적으로 사채, 장기차입금, 장기성 매입채무, 퇴직급여충당부채 등이 포함된다. 특히 전환사채처럼 사채와 유상증자의 성격이 혼합된 경우도 있어, 이러한 항목을 이해하려면 기업의 자금 조달 방식을 알아둘 필요가 있다.

기업이 자금을 조달하는 방식은 크게 두 가지로 구분된다. 첫 번째는 외부로부터 자금을 차입하는 것으로, 사채를 발행해 자금을 조달하고 그에 대한 이자를 지급하는 방식이다. 두 번째는 주식을 발행해 자본을 증가시키는 방법으로, 이는 외부 차입 없이 자본을 확충하는 형태다. 주식 발행은 이자비용이 발생하지 않지만 향후 배당금이 증가하게 된다.

사채 발행의 장점은 장기적으로 볼 때 유상증자보다 기업의 자금 조달 비용이 더 적게 들 수 있다는 점이다. 이는 기업이 일정한 이자만 지급하면 되기 때문에, 배당을 통해 주주들에게 지급해야 하는 금액보다 더 낮은 비용으로 자금을 조달할 수 있다. 더불어 회계상 사채의 이자비용은 손금으로 처리되어 과세소득을 줄이고, 결과적으로 법인세 부담을 낮추는 효과도 있다.

반면 유상증자는 주식을 발행해 자금을 확보하는 방식으로, 기업 자체에는 직접적인 비용이 발생하지 않는다. 그러나 전체적인 관점에서는 주식 수의 증가로 인해 기존 주주의 지분율이 희석되는 문제가 생긴다. 이러한 주주 가치 희석은 투자자들의 우려를 불러일으켜 주가 하락으로 이어질 수 있으며, 결과적으로 기업에 대한 부정적인 평가로 작용할 수 있다.

나. 사채

사채란 기업이 외부인에게 원금과 이자 지급을 약속하고 채무증서를 발행해 자금을 조달하는 방법이다. 사채에는 일반 기업채는 물론 전환사채, 신주인수권부사채, ABS, MBS 처럼 특수한 사채가 있다.

일반채

일반 사채는 만기일, 이자 지급일, 이자율 등이 미리 정해져 있는 대표적인 기업채 형태로, 기업은 사채권에 명시된 일정에 따라 정기적으로 이자와 원금을 지급한다.

이러한 사채는 보증 여부에 따라 보증사채, 담보부사채, 무보증사채로 나뉘며, 주식회사가 발행하는 사채는 대체로 무보증사채가 주류를 이룬다.

무보증사채는 신용평가 기관의 등급에 따라 AAA, AA, A, BBB, BB, B, CCC 등의 등급으로 구분되며, 신용등급이 높을수록 적용되는 할인율은 일반적으로 낮아진다.

전환사채

전환사채는 과거 미국의 철도회사가 대규모 철도 건설 자금을 조달하기 위해 고안한 새로운 형태의 사채다. 일반적인 사채와 달리, 전환사채는 '전환'이라는 옵션이 포함되어 있어 더 많은 투자자들의 관심을 끌 수 있었다.

전환사채 보유자는 전환 전까지는 고정된 이자를 받게 되며, 이후 기업의 주가가 전환가격을 초과할 경우 주식으로 전환해 시세차익을 얻을 수 있는 기회를 갖는다.

이러한 특성 덕분에 전환사채는 일반 사채보다 투자자에게 더 매력적인 투자수단으로 여겨졌다. 그러나 전환사채가 주식으로 전환되면 발행 주식 수가 늘어나 기존 주주에게는 지분 희석이라는 불이익이 발생할 수 있다.

신주인수권부사채

신주인수권부사채는 투자자에게 일정 기간 이후 발행 회사의 주식을 미리 정해진 가격에 매수할 수 있는 권리를 부여한 채권이다. 이 채권은 만기 전까지 일반 사채처럼 정해진 이자를 지급하며, 만기 시에는 원금이 상환된다.

하지만 일반 사채와의 차이점은 일정 시간이 지나면 채권자가 신주인수권을 행사해 회사의 신주를 매입할 수 있다는 점이다. 이 신주인수권은 채권과는 별도로 분리돼 독립적으로 시장에서 거래되기도 한다.

투자자는 인수권 행사 가격보다 주가가 높아졌을 때 신주인수권을 활용해 주식을 매입하고 차익을 실현할 수 있다. 기업 입장에서는 일반 채권보다 낮은 금리로 자금을 조달할 수 있을 뿐 아니라, 인수권 행사로 자본금이 증가해 재무구조가 개선되는 장점이 있다.

그러나 기존 주주 입장에서는 신주가 추가로 발행될 가능성이 항상 존재하기 때문에 지분 희석의 위험이 따른다는 단점이 있다.

ABS

ABS는 '자산유동화증권(Asset-Backed Securities)'의 줄임말로, 기업이 보유한 매출채권이나 임대수익, 대출채권 등과 같은 유동화 가능한 자산을 기초로 하여 발행하는 증권을 말한다.

쉽게 말해, 기업이 미래에 받을 돈(채권)을 묶어 이를 담보로 증권을 발행해 투자자에게 판매하는 방식이다.

MBS

MBS(Mortgage-Backed Securities, 주택저당증권)는 금융기관이 여러 주택담보대출을 묶어 이를 기초자산으로 발행하는 증권이다. MBS 투자자는 대출자들이 매달 상환하는 원리금에서 발생하는 현금흐름을 수익으로 받는다. MBS는 주택금융을 자본시장과 연결해 유동성을 높이고, 금융기관이 대출자금을 회수해 다시 대출할 수 있도록 돕는 역할을 한다.

일반적으로 ABS나 MBS 같은 특수한 증권은 기업이 더 이상 자금조달이 여의치 않을 때 사용하는 마지막 방법이다. 따라서 이 같은 특수증권을 발행하는 기업이 있다면 처다보지 않는 것이 좋다.

실제로 2008년 서브프라임 사태의 원인이 된 것도 바로 이 같은 상품 때문이었다.

원래 ABS, MBS의 목적은 고위험의 채권을 묶어 위험을 낮추고 기업의 유동성을 해소하는데 있었다. 하지만 결국 고위험 채권은 고위험 채권일 뿐이다. 이것을 묶는다고 위험 차체가 낮아지는 것은 아니다.

기업이 매출채권을 담보로 돈을 빌릴 정도면 자금 사정이 안 좋은 것은 불 보듯 뻔하다. 만일 기업이 건실하다면 ABS, MBS 발행 단계까지 오기 전에 다른 형태로 자금조달을 취했을 것이다.

다. 장기차입금

장기차입금이란 금융기관 등으로부터 차입한 자금 중 상환 기간이 1년을 초과하는 금액을 의미한다. 재화나 물건 구매는 보통 매입채무나 미지급금으로 처리되므로, 장기차입금은 현금 유입을 목적으로 한 자금 조달로 이해할 수 있다.

이러한 특성상 장기차입금은 기업의 운영자금으로 사용되는 경우가 많다. 장기차입금의 경우 자금을 빌릴 때 특정 자산을 담보로 제공하는 사례가 많다. 따라서 장기차입금 비중이 높은 경우, 재무제표 주석에 기재된 담보자산 내역을 반드시 확인해야 한다.

라. 장기성 매입채무

장기성 매입채무란 거래처로부터 외상으로 물건을 구입하고 지급액을 1년 이후에 지불하기로 한 경우에 발생하는 채무다. 이러한 장기성 매입채무에는 장기성 외상매입금, 장기성 지급어음 등이 있다.

마. 퇴직급여 충당부채

퇴직급여 충당부채란 기업이 향후 지급해야 할 퇴직금을 미리 부채 항목으로 계상해 놓을 것을 뜻한다. 우리나라의 경우 관행적으로 제도화되어왔던 퇴직금 제도로 인해 기업의 고정부채 항목에서 퇴직급여 충당부채가 상당히 높은 비중을 차지한다.

퇴직급여 충당부채는 미래에 일어날 지출 금액을 미리 비용화함으로써 당기순이익과 이익잉여금을 감소시켜 사외유출을 막는 역할을 한다. 즉 실질적인 현금이 곧바로 지불되는 것이 아니라 향후 퇴직금 지급을 대비해 퇴직급여를 설정하고 이에 대한 퇴직급여 충당부채 항목을 계상하는 것이다.

4. 자본의 이해

1) 자본이란

자본이란 본질적으로 기업이 주식을 발행해 주주들로부터 받은 자금을 의미한다. 재무상태표에서는 '자산 = 부채 + 자본'이라는 등식이 성립하며, 이를 변형하면 '자본 = 자산 - 부채'로 표현할 수 있다. 다시 말해, 기업의 전체 자산에서 채권자에게 갚아야 할 부채를 제외한 나머지가 바로 자본이며, 이는 주주들에게 귀속되는 몫이라 할 수 있다.

자본			
지배기업 소유주지분	391,687,603	353,233,775	345,186,142
자본금 (주18)	897,514	897,514	897,514
우선주자본금	119,467	119,467	119,467
보통주자본금	778,047	778,047	778,047
주식발행초과금	4,403,893	4,403,893	4,403,893
이익잉여금 (주19)	370,513,188	346,652,238	337,946,407
기타자본항목 (주20,33)	15,873,008	1,280,130	1,938,328
비지배지분 (주31)	10,504,467	10,444,090	9,563,462
자본총계	402,192,070	363,677,865	354,749,604

삼성전자 자본 항목 〈출처 삼성전자 사업보고서〉

2) 자본의 변동

가. 자본의 증가

자본의 증가는 크게 두 가지 경로로 나눌 수 있다. 하나는 주주가 기업에 자금을 투입함으로써 발생하는 납입자본이며, 다른 하나는 기업이 영업활동을 통해 창출한 이익에서 비롯되는 이익잉여금이다.

전자의 대표적인 예는 유상증자처럼 주주가 신규 자금을 기업에 납입하는 방식이고, 후자는 기업이 벌어들인 순이익 중 배당후 남은 금액이 자본으로 적립되는 경우다.

우량 기업일수록 이러한 이익잉여금이 지속적으로 쌓이며 자본이 꾸준히 증가하는 경향이 있다. 이는 다음과 같은 선순환 구조로 설명할 수 있다.

> 순이익 창출 → 이익잉여금 적립 → 자본 증가 및 자산 증가 → 자산을 활용한 더 큰 순이익 창출 → 이익잉여금 증가&적립 → 자본 증가 및 자산 증가

즉, 수익(이익잉여금)이 자산으로 적립되고 이를 다시 투자 재원으로 활용해 성장하는 것이다.

나. 자본의 감소

자본이 줄어드는 경우는 크게 두 가지로 나눌 수 있다. 하나는 주주가 자신의 투자금을 회수할 때이고, 다른 하나는 기업이 적

자를 기록해 결손금을 보전하는 경우다. 여기서는 후자인 결손금 보전에 대해 살펴보자.

기업이 당기순이익을 기록하면 자본이 증가하는 반면, 당기순손실이 발생하면 자본에서 손실이 차감되어 자본이 감소하게 된다. 이 과정을 결손보전이라 하며, 일반적으로 이익잉여금이나 자본잉여금을 줄이거나 소멸시키는 방식으로 이루어진다. 손실이 계속 누적되면 잉여금이 모두 소진되게 되고, 이로 인해 기업은 자본잠식 상태에 빠지게 된다.

자본잠식이 심각해지면 문제가 커진다. 기업회계 기준상 자본잠식률이 50%를 넘으면 관리종목으로 지정되고, 자본이 완전히 잠식되는 전액잠식 상태에 이르면 상장폐지라는 최악의 사태를 맞이할 수 있다. 이러한 위기를 해결하기 위해 주주들이 선택하는 방법이 바로 감자(자본감소)이다.

감자는 크게 형식적 감자와 실질적 감자로 나뉘며, 결손금 보전을 목적으로 하는 감자는 형식적 감자에 해당한다. 형식적 감자는 주주에게 보상을 제공하지 않고 주식 수만 줄이는 방식이다.

예를 들어 자본금이 100억 원인 기업이 누적된 결손금으로 인해 자본금이 20억 원까지 감소했다고 가정해 보자. 이 경우 자본잠식률이 80%에 달해 상장폐지 위험이 커진다.

이때 주주들이 상장폐지를 막기 위해 5:1 비율의 감자를 결의했다고 하자. 이는 자본금을 100억 원에서 아무런 대가 없이 20억 원으로 줄이겠다는 의미다.

이로 인해 주주들은 보유 주식이 5분의 1로 줄어드는 손실을 입지만, 기업 입장에서는 재무 건전성을 회복하는 긍정적인 조치가 된다. 기업은 감자에 따라 곧바로 자본잠식 상태에서 벗어나, 20억 원의 자본금을 기준으로 다시 시작할 수 있게 되는 것이다.

3) 자본의 분류

앞서 설명한 바와 같이 자본은 크게 주주와 기업 간의 거래(자본거래)에 의해 형성된 자본과 기업의 경영활동을 통해 형성된 자본(손익거래)으로 구분할 수 있다. 자본거래에 속하는 항목은 자본금, 자본잉여금, 자본조정 등이 있으며, 손익거래에 속하는 항목은 이익잉여금, 기타포괄손익누계액 등이 있다.

가. 자본거래에 의한 자본

자본금: 자본금이란 주주가 납입한 자본으로 발행주식의 액면 총액을 뜻한다. 쉽게 말해 액면가 5,000원짜리 주식 10만 주를 발행했다면 이 기업의 자본금은 5억 원(5,000원 × 10만 주)이 되는 것이다.

자본잉여금

자본잉여금이란 기업과 주주 간의 자본거래에서 발생한 잉여금을 뜻한다. 자본잉여금은 크게 주식발행초과금과 기타자본잉여금 두 가지 항목으로 분류되는데 간단히 주식발행초과금에 대해 알아보자.

주식발행초과금이란 기업이 주식을 발행할 때 액면가를 초과하여 받은 금액을 의미한다. 예를 들어 A기업이 액면가 5,000원의 주식 100주를 발행했다고 가정하자. 그런데 투자자들이 이 기업의 가치를 높게 평가해 실제로 15,000원에 해당 주식을 매입했다면, 5,000원은 액면가이고 15,000원은 실제 발행가가 된다. 이 경우, 액면가 기준으로 조달된 5,000원 × 100주는 자본금으로 계상되고, 발행가에서 액면가를 뺀 10,000원 × 100주 인 1,000,000원은 주식발행초과금으로 계상된다.

자본조정

자본조정이란 형식적으로는 자본거래에 해당하지만, 실질적으로는 최종적인 납입자본으로 인정하기 어려운 항목들을 말한다. 또한 자본금이나 자본잉여금으로 분류되기 어려운 성격의 항목들도 여기에 포함된다. 자본조정 항목의 예로는 자기주식, 주식 할인발행차금, 출자전환으로 인한 채무, 주식매수선택권, 자기주식 처분손실, 감자차손 등이 있다.

나. 손익거래에 의한 자본
(경영활동 과정에서 자본 증감이 일어나는 상황)

이익잉여금(결손금)

이익잉여금이란 기업이 매년 벌어들인 순이익 중 배당이나 기타 지출을 제외한 나머지를 계속해서 적립해 두는 자본 항목이다. 기업의 영업실적이 좋을수록 이익잉여금은 점차 증가하지만, 반대로 손실이 누적되면 이익잉여금이 감소하고 심할 경우 자본금까지 잠식될 수 있다.

이익잉여금은 당기순이익에서 발생하기 때문에, 얼핏 보면 기업이 이를 현금으로 보유하고 있을 것 같지만, 이익잉여금은 기업의 자산(부동산, 건물, 기계장치) 등으로 투자된다. 이 말은 기업의 이익잉여금이 높다 해서 반드시 현금이 많다는 뜻은 아니다. 즉 기업의 유동성과는 관련이 없다.

이익잉여금 = 전기이익잉여금 + 당기순이익 - (배당금+자사주매입)

이익잉여금은 다시 법정적립금, 임의적립금, 미처분이익잉여금 등으로 구분된다. 간단히 미처분이익잉여금만 알아보면 기업이 설립된 이후부터 현재까지 영업활동 등을 통해 벌어들인 이익을 뜻한다. 배당이나 다른 적립금으로 처분하지 않고 사내에 유보한 금액으로 향후 미래 투자 여력이나 배당가능액 등을 평가할 때 이익잉여금을 확인하면 된다.

4장
재무제표: 손익계산서

1. 손익계산서의 개괄

　손익계산서는 주요 재무제표 중 하나로, 일정 기간 동안 기업이 벌어들인 수익에서 발생한 비용을 차감해 실제로 얼마의 이익을 냈는지를 보여주는 성과보고서다. 이는 기업의 경영 성과를 평가하는 데 핵심적인 지표로 활용된다. 상장기업의 경우, 분기보고서, 반기보고서, 사업보고서 등을 통해 이러한 실적을 공시할 법적 의무가 있다.

　대부분의 기업은 보고서 제출 전에 잠정실적을 공시하는데, 이때 간략한 손익계산서 형태의 서식을 사용한다. 이 잠정실적 공시에는 매출액, 영업이익, 법인세비용차감전 계속사업이익, 당기순이익 등 손익계산서의 핵심 항목들이 포함된다.

연결재무제표 기준 영업(잠정)실적(공정공시)

※ 동 정보는 잠정치로서 향후 확정치와는 다를 수 있음.

1. 연결실적내용
단위 : 억원, %

구분		당기실적 ('25.2Q)	전기실적 ('25.1Q)	전기대비증감율 (%)	전년동기실적 ('24.2Q)	전년동기대비증 감율(%)
매출액	당해실적	745,663	791,405	-5.78	740,683	0.67
	누계실적	1,537,068	791,405	-	1,459,839	5.29
영업이익	당해실적	46,761	66,853	-30.05	104,439	-55.23
	누계실적	113,613	66,853	-	170,499	-33.36
법인세비용차감 전계속사업이익	당해실적	57,561	91,516	-37.10	115,953	-50.36
	누계실적	149,077	91,516	-	193,021	-22.77
당기순이익	당해실적	51,164	82,229	-37.78	98,413	-48.01
	누계실적	133,393	82,229	-	165,961	-19.62
지배기업 소유 주지분 순이익	당해실적	49,340	80,284	-38.54	96,427	-48.83
	누계실적	129,624	80,284	-	162,637	-20.30

삼성전자 잠정실적 공시 〈출처 삼성전자 공시〉

잠정 실적 공시에서는 기업의 실적을 전기 대비와 전년 동기 대비로 비교하는데, 이 중 전년 동기 대비 실적 증가율에 더욱 주목할 필요가 있다. 대부분의 기업은 매년 유사한 영업활동을 반복하기 때문에 계절적인 영향을 크게 받는다.

예를 들어, 아이스크림 업체는 여름철에, 난로 제조업체는 겨울철에 매출이 급증하는 경향이 있다. 이에 따라 계절 요인을 반영한 전년 동기 대비 실적 증가율을 통해 기업의 성장 흐름을 보다 정확하게 파악할 수 있다.

매출액, 영업이익, 법인세비용차감전순이익, 당기순이익 중에 가장 중요한 한 가지 항목을 꼽으라면 바로 영업이익이다. 실적 평가에서 중요한 점은 기업이 정상적인 영업활동을 통해 얼마를 벌어들였는가 하는 것이다.

매출액과 당기순이익만으로는 기업의 실질적인 이익 수준을 정확히 평가하기 어렵다. 예를 들어, 단기간에 판매 단가를 인위적으로 낮춰 매출액을 증가시킬 수 있으나, 이로 인해 오히려 수익성이 악화될 수 있다.

가령 삼성전자가 저조한 실적을 만회하기 위해 스마트폰 가격을 대폭 인하해 판매했다고 하자. 매출액은 일시적으로 크게 늘어날 수 있지만, 이와 동시에 영업이익과 순이익은 오히려 줄어들게 된다.

또한 당기순이익은 영업이익에서 영업 외 손익을 반영해 계산되는데, 이 영업 외 손익에는 일시적인 요소들이 많이 포함되어 있어 기업의 수익성을 정확히 평가하기 어렵다. 다시 말해, 당기순이익에는 본업과 무관한 일회성 이익이나 손실이 포함되며, 이러한 항목들은 지속되지 않을 가능성이 크기 때문에 기업의 실제 수익력을 판단하는 데 한계가 있다.

예를 들어, 매년 10억 원의 당기순이익을 꾸준히 기록해온 A기업이 올해 보유 중이던 투자자산을 매각하여 20억 원의 일회성 시세차익을 올렸다고 가정해보자.

이로 인해 올해 당기순이익은 총 30억 원으로 집계되며, 수치상 전년 대비 200% 증가한 것처럼 보인다. 그러나 이 중 20억 원은 일회성 수익이기 때문에, 다음 분기에는 실적이 다시 평상 수준으로 돌아갈 가능성이 크다.

이에 따라 손익계산서를 평가할 때 투자자들이 가장 중요하게 보는 항목은 바로 영업이익이다.

2. 손익계산서의 구성

손익계산서는 가장 맨 위의 매출액 항목부터 차례대로 아래로 읽어나가면 된다. 매출액부터 순차적으로 비용을 차감해 매출 총이익, 영업이익, 당기순이익 등이 구해지기 때문에 위에서 아래로 순차적으로 읽어나가면 기업의 수익과 비용을 한눈에 파악할 수 있다.

(단위 : 백만원)

	제 56 기	제 55 기	제 54 기
매출액 (주29)	300,870,903	258,935,494	302,231,360
매출원가 (주21)	186,562,268	180,388,580	190,041,770
매출총이익	114,308,635	78,546,914	112,189,590
판매비와관리비 (주21,22)	81,582,674	71,979,938	68,812,960
영업이익 (주29)	32,725,961	6,566,976	43,376,630
기타수익 (주23)	1,960,338	1,180,448	1,962,071
기타비용 (주23)	1,625,229	1,083,327	1,790,176
지분법이익 (주9)	751,044	887,550	1,090,643
금융수익 (주24)	16,703,304	16,100,148	20,828,995
금융비용 (주24)	12,985,684	12,645,530	19,027,689
법인세비용차감전순이익	37,529,734	11,006,265	46,440,474
법인세비용(수익) (주25)	3,078,383	(4,480,835)	(9,213,603)
당기순이익	34,451,351	15,487,100	55,654,077
당기순이익의 귀속			
지배기업 소유지분	33,621,363	14,473,401	54,730,018
비지배지분	829,988	1,013,699	924,059
주당이익 (주26)			
기본주당이익 (단위 : 원)	4,950	2,131	8,057
희석주당이익 (단위 : 원)	4,950	2,131	8,057

삼성전자 연결 손익계산서 〈출처 삼성전자 사업보고서〉

1) 매출액

매출액은 손익계산서에서 가장 위에 위치한 항목으로, 기업이 주요 영업활동을 통해 벌어들인 수익을 의미한다. 손익계산서의 모든 수치는 매출액을 기준으로 각종 비용과 이익을 더하거나 빼는 방식으로 산출된다. 이러한 구조로 인해 매출액은 손익계산서의 출발점이자 핵심 지표라 할 수 있다.

매출액은 기업의 영업 능력과 존속 가능성을 판단하는 데 중요한 역할을 하며, 일반적으로 상품이나 제품이 고객에게 인도되고 그에 대한 대금 청구 권리가 확정되는 시점에 수익으로 인식된다.

기업에게 있어 매출액은 영업 실적을 가장 직관적으로 보여주는 핵심 지표로, 이 때문에 분식회계의 주요 타깃이 되기 쉽다. 손익계산서상의 모든 수익과 비용 항목은 매출액을 기준으로 계산되기 때문에, 매출액이 증가해야 영업이익과 당기순이익도 함께 늘어난다.

매출을 인위적으로 부풀리는 방식에는 여러 가지가 있으며, 대표적으로 허위 매출 계상, 판매대행 금액을 매출로 인식하는 행위, 장부 조작 등이 있다. 이러한 방식들은 기업이 의도적으로 회계를 조작하는 경우에 해당하며, 일반 개인 투자자가 이를 사전에 파악하기는 매우 어렵다.

반면, 매출채권 부풀리기, 매출 조기 인식 등의 방법도 있는데

이 중 매출채권 부풀리기 방법은 매출채권 회수일의 변화 등을 확인함으로써 위험을 사전에 파악할 수 있다.

매출채권 회수기간(일) = (매출채권 / 매출액) × 365

매출액 증가와 함께 매출채권이 비례해 늘어나고 있다면 이를 주의 깊게 살펴볼 필요가 있다. 특히 매출채권의 회수기간까지 길어지고 있다면 더욱 면밀한 검토가 필요하다. 이러한 양상은 기업이 밀어내기식 판매 등을 통해 실제 수익이 아닌 인위적인 매출 성장을 유도할 때 흔히 나타나는 특징이다.

2) 매출원가

매출원가는 기업이 제품이나 상품을 판매하기 위해 직접 투입한 매입비용 또는 제조비용을 의미한다. 예를 들어, 삼성전자가 휴대폰을 생산할 때 들어가는 재료비나 인건비처럼 제품 생산과 직접적으로 관련된 비용이 이에 해당한다.

매출원가의 산정 방식은 업종에 따라 달라진다. 제조업의 경우 각 제품에 투입된 제조원가를 개별적으로 계산해 매출원가를 산정하고, 유통업처럼 직접원가 산출이 어려운 업종에서는 기초 재고액에 당기 상품 매입액을 더한 후, 기말 재고액을 차감해 매출원가를 계산한다.

매출원가는 매출총이익을 결정짓는 핵심 요소 중 하나로, 기업의 수익성과 밀접한 관련이 있다. 이 때문에 일부 기업은 원가를 인위적으로 낮추거나, 기말 재고 평가 방식을 임의로 변경해 분식회계를 시도하기도 한다.

3) 매출총이익

매출총이익은 기업이 제품이나 상품을 판매하면서 벌어들인 금액에서 그 제품을 만들거나 사들이는 데 들어간 비용, 즉 매출원가를 차감한 금액을 말한다. 쉽게 표현하면, 판매로 인해 기업이 실제로 남긴 이익, 즉 판매 마진을 의미한다. 예를 들어, 삼성전자가 휴대폰을 판매해 얻은 수입에서 해당 휴대폰을 생산하는 데 들어간 재료비나 인건비 등의 직접 비용을 제외하고 남은 금액이 바로 매출총이익이다.

4) 판매비와 관리비

판매비와 관리비는 상품이나 용역의 판매 활동 및 기업 운영을 위해 발생하는 다양한 비용을 의미한다. 쉽게 말해, 매출원가에는 포함되지 않지만 영업을 유지하고 판매를 촉진하기 위해 소요되는 대부분의 비용이 이에 해당한다.

기업은 제품 판매를 위해 광고도 해야 하고, 물건도 운송해야 하며 또한, 기업 운영을 위해 관리 직원도 채용해야 한다. 이같이 상품·제품을 판매하기 위해 들어간 비용을 판매비와관리비라 한다.

판매비는 상품·제품 판매를 위해 지출된 비용으로 인건비, 접대비, 출장비, 광고선전비, 운반비 등이 포함된다. 예를 들어 자동차 공장에서 제품 생산을 위해 투입된 생산직 인건비는 매출원가에 포함되나 자동차 판매를 위해 들어간 영업사원의 인건비는 판매비에 포함된다.

관리비는 기업의 주된 영업활동과 관련해 발생하는 비용으로 관리부서의 인건비, 전기료, 세금, 감가상각비 등이 여기에 속한다. 공장에서 제품 생산을 위해 구입한 기계장치의 감가상각비는 매출원가에 포함되나 기업 운영을 위한 구입한 사옥의 감가상각비는 관리비에 포함된다.

개인적으로 손익계산서에서 가장 유의 깊게 봐야 할 부분이 판매비와 관리비라 생각된다. 기업은 영업환경이 어려워져 매출이 감소하면 비용을 줄이기 마련이다. 이때 매출원가는 매출이 줄어들면 자연스럽게 생산량이 감소하게 되고 이에 따라 매출원가 역시 감소하는 경향이 있다.

그러나 판매비와 관리비의 경우 고정비 성격의 항목이 많아 단기에 비용을 줄이기가 쉽지 않다. 예를 들어 기업의 매출이 줄었다고 해서 직원을 곧바로 해고할 수 없으며, 진행 중인 광고 등을 멈출 수 없다. 따라서 결국 기업은 이러한 고정비 성격이 강한 항목들에서부터 손실이 발생하게 된다.

5) 영업이익

영업이익은 매출총이익에서 판매비와 관리비를 차감한 나머지를 뜻한다. 기업이 정상적인 영업활동을 통해 벌어들인 이익이 바로 영업이익이다. 이 같은 특성 때문에 일반적으로 손익계산서에서 가장 중요하게 평가된다. 영업이익을 쉽게 풀어쓰면 기업이 정상적인 영업활동을 통해 얼마의 가치를 창출하고 있는지를 보여주는 항목이라 할 수 있다.

영업이익 = 매출총이익 - 판매비와 관리비

주식시장에서 영업이익을 평가할 때는 일반적으로 전년동기대비, 전분기대비 증감률을 기준으로 삼는다. 당연히 영업이익이 많이 증가할수록 주식시장에서는 긍정적으로 평가한다.

특히, 주식시장에서는 영업이익을 놓고 평가할 때 '흑자전환', '적자전환', '어닝서프라이즈', '어닝쇼크', '턴어라운드' 등 다양한 수식어를 사용한다.

'어닝서프라이즈', '어닝쇼크'라는 수식어는 기업의 실적이 시장 예상치(컨센서스)를 크게 상회하거나 하회할 때 사용하는데 이때 기준이 되는 중요 지표가 영업이익이다.

턴어라운드 역시 기업이 실적 부진에서 벗어나 흑자 전환하는 것을 뜻하는데 이때도 영업이익이 중요 기준 지표가 된다.

이처럼 영업이익은 손익계산서 항목 중에서 가장 중요하게 평가받는 지표다.

EV/EBITDA

한편, 영업이익과 관련된 중요 기업 평가 지표중 EV/EBITDA가 있는데, 주식시장에서 널리 활용되고 있는 만큼 알아둘 필요가 있다.

영업이익은 '매출총이익 - 판매비와 관리비'로 계산되는데 '판매비와 관리비' 중에서 감가상각비만큼은 따로 고려해 볼 필요가 있다.

감가상각비란 유형자산의 취득원가를 내용 연수에 따라 비용 처리하는 과정으로 실질적인 현금 지출이 발생하지 않는다. 이에 따라 단순히 장부상 금액 조정 정도로 볼 수 있다. 이러한 특성 때문에 워런 버핏은 감가상각비가 기업의 실질적인 영업이익을 판단하는 데 오히려 방해가 된다고 보았다.

이러한 개념에서 고안된 항목이 바로 EBITDA다. 영업이익에 감가상각을 더해 실질적인 영업이익을 구한 것이다.

EBITDA는 다시 EV와 비교해 평가된다. EV란 기업을 Enterprise Value의 약자로 기업을 인수할 때 들어가는 비용이라 생각하면 쉽다. 기업을 인수하기 위해서는 시가총액(주주지분) + 순차입금(순부채)만큼의 비용이 들어간다.

이렇게 구해진 EV를 EBITDA로 나눠 평가한다. 그러면 기업가치(EV)가 영업활동을 통해 얻어진 이익(EBITDA)의 몇 배 만큼인지 알 수 있다.

즉 해당 기업을 인수했을 때 몇 년을 운영해야 투자금액을 회수할 수 있는지 알려주는 지표다. 당연히 EV/EBITDA가 낮을수록 투자자에게는 긍정적이다.

EV/EBITDA = (시가총액 + 순차입금)/EBITDA

* 순차입금 = 총차입금(이자를 지불하는 부채) - 현금 및 현금성 자산

6) 법인세차감전 계속사업 이익

손익계산서에서 영업이익까지 구했다면 이제 영업과 관련 없는 수익·비용을 차감해 법인세차감전 계속사업 이익을 구한다. 법인세차감전 계속사업 이익은 기업활동에서 발생한 손익을 종합적으로 반영한 지표다.

영업과 직접적인 관련이 없는 수익을 영업 외 수익이라 하며, 이자, 배당금, 임대, 단기투자자산, 외환차익, 외화환산이익, 지분법, 투자자산처분, 유형자산처분, 사채상환, 전기오류수정 수익(이익) 등이 여기에 속한다.

반면, 영업 외 비용에는 이자비용, 대손상각비, 단기투자자산처분손실, 단기투자자산평가손실, 재고자산감모손실, 외환차손, 외화환산손실, 기부금, 지분법손실, 장기투자증권손상차손, 투자자산처분손실, 유형자산처분손실, 사채상환손실, 전기오류수정손실 등이 포함된다.

7) 당기순이익

당기순이익이란 최초 매출액에서 영업 기간 동안 발생한 모든 비용과 수익을 반영한 뒤 남은 최종 수익을 뜻한다.

손익계산서상 법인세차감전 계속사업 이익에서 법인세 비용을 차감하면 당기순이익이 된다.

법인세 비용 = 법인세부담액 ± 이연법인세변동액

법인세 비용은 위와 같이 크게 두 가지로 구분된다. 첫째, 법인세 부담액은 해당 기간 동안 기업이 벌어들인 소득에 대해 납부해야 하는 세금이다. 둘째, 이연법인세의 변동은 기업회계기준과 세법 간의 인식 시점 차이에서 발생하는 일시적인 차이로 인해 계산되는 비용이다.

이렇게 산출된 당기순이익은 최종적으로 배당으로 활용되거나 자사주 매입, 부채 상환, 재투자 등으로 사용된다.

배당이란 기업이 일정 기간 동안 벌어들인 수익(당기순이익) 중 일부를 주주에게 분배하는 것이다. 즉, 기업이 영업 활동을 통해 창출한 수익을 주주에게 다시 환원하는 것이다.

자사주 매입은 기업이 주식시장에 유통된 자기 주식을 다시 사들이는 행위를 의미한다. 이처럼 자사주를 매입하면 유통 주식 수가 줄어들어 통상적으로 주가 상승 효과를 유발하게 된다. 워런 버핏은 자사주 매입을 배당보다 더 효과적인 주주환원 수단으로 평가했는데, 그 이유는 배당의 경우 주주가 배당소득세를 부담해야 하지만, 자사주 매입은 과세 없이 자본이득을 실현할 수 있어 상대적으로 유리하다고 봤기 때문이다.

당기순이익에서 배당, 자사주 매입, 부채 상환 등의 모든 활동이

끝난 후 남은 금액은 다음 회계연도에 자본으로 적립되어 재투자 된다고 볼 수 있다.

이 같은 특성상 일반적으로 주주 가치 증대에 긍정적 정책은 자사주매입 > 현금배당 > 부채상환 > 재투자 순 정도로 평가할 수 있다.

재무제표: 현금흐름표, 자본변동표, 주석

1. 현금흐름표란

주요 재무제표 중 하나인 현금흐름표는 기업의 현금 유출입을 보여주는 표다. 재무제표는 발생주의 원칙에 따라 기재하기 때문에 정확한 현금 유출입을 보여주지 못한다. 이 때문에 손익계산서가 보여주지 못하는 실제 현금흐름을 현금흐름표에 작성해 따로 보여준다. 현금흐름표는 순수 현금흐름을 보여주기 위해 현금주의에 따라 작성되는데 현금주의란 순수하게 현금의 입장에서 작성하는 것을 뜻한다.

예를 들어 기업이 물건 100만 원 어치를 팔고 대금을 전액 매출 채권으로 받았다고 가정해보자. 이때 손익계산서상 매출액은 100만 원이 잡힌다. 그러나 현금흐름표에서는 기업이 물품대금을 현금이 아닌 매출 채권으로 받았기 때문에 실질적 현금 증가는 0으로 잡힌다. 이처럼 손익계산서는 발생주의 원칙에 따라 매출액

100 증가가 나타나나, 현금흐름표에서는 현금주의 원칙에 따라 실제 현금 증가가 나타나지 않는다.

현금흐름표는 손익계산서가 보여주지 못하는 실제 현금흐름을 보여주기 때문에 기업의 부실 가능성, 실제 유동성 흐름, 도산 징후, 분식회계 가능성 등을 사전에 파악할 수 있게 해준다.

특히 현금흐름표는 분식회계 가능성을 파악하거나 기업 이익의 질을 평가할 때 유용하다. 손익계산서의 경우 발생주의 회계에 따라 기업의 미래 이익까지 포함한 손익을 나타낸다. 발생주의의 경우 손익을 계산하는 과정에서 여러 추정과 가정, 평가를 활용해 그 값을 구한다. 그러나 현금주의는 실제 현금 유입과 유출만 기록한다. 이 때문에 조작이 쉽지 않다. 이에 따라 손익계산서의 이익과 현금흐름의 이익이 비슷한 수준을 나타낼수록 이익의 질이 높음을 의미한다.

삼성전자 연결 현금흐름표 〈출처 삼성전자 사업보고서〉

(단위 : 백만원)

	제 56 기	제 55 기	제 54 기
영업활동현금흐름	72,982,621	44,137,427	62,181,346
영업에서 창출된 현금흐름	75,830,873	46,547,889	71,728,568
당기순이익	34,451,351	15,487,100	55,654,077
조정 (주27)	42,947,079	36,519,534	33,073,439
영업활동으로 인한 자산부채의 변동 (주27)	(1,567,557)	(5,458,745)	(16,998,948)
이자의 수취	4,008,359	4,786,010	2,136,795
이자의 지급	(675,049)	(844,691)	(714,543)
배당금 수입	268,482	269,169	529,421
법인세 납부액	(6,450,044)	(6,620,950)	(11,498,895)
투자활동현금흐름	(85,381,702)	(16,922,817)	(31,602,804)
단기금융상품의 순감소(증가)	(32,976,756)	39,421,565	15,214,321
단기상각후원가금융자산의 순감소(증가)	620,858	(195,616)	3,050,104
단기당기손익-공정가치금융자산의 순감소(증가)	(9,735)	2,718	11,677
장기금융상품의 처분	4,100,008	4,565,426	8,272,909
장기금융상품의 취득	(3,987,279)	(5,307,770)	(4,393,754)
기타포괄손익-공정가치금융자산의 처분	389,680	6,521,568	496,090
기타포괄손익-공정가치금융자산의 취득	(185,876)	(124,488)	(37,687)
당기손익-공정가치금융자산의 처분	309,970	63,962	166,315
당기손익-공정가치금융자산의 취득	(70,982)	(130,459)	(158,244)
관계기업 및 공동기업 투자의 처분	33,178	33,457	13,233
관계기업 및 공동기업 투자의 취득	(11,710)	(78,690)	(907,958)
유형자산의 처분	156,191	98,341	217,878
유형자산의 취득	(51,406,355)	(57,611,292)	(49,430,428)
무형자산의 처분	15,869	11,744	23,462
무형자산의 취득	(2,335,284)	(2,922,875)	(3,696,304)
사업결합으로 인한 현금유출액	(142,156)	(356,511)	(31,383)
매각예정자산의 처분으로 인한 현금유입액	101,563	0	0
기타투자활동으로 인한 현금유출입액	17,114	(913,897)	(413,035)
재무활동현금흐름	(7,797,243)	(8,593,059)	(19,390,049)
단기차입금의 순증가(감소) (주27)	5,871,346	2,145,400	(8,339,149)
장기차입금의 차입 (주27)	404,954	354,712	271,997
사채 및 장기차입금의 상환 (주27)	(1,364,508)	(1,219,579)	(1,508,465)
배당금의지급	(10,888,749)	(9,864,474)	(9,814,426)
자기주식의 취득	(1,811,775)	0	0
비지배지분의 증감	(8,511)	(9,118)	(6)

2. 현금흐름표의 구성

현금흐름표는 크게 영업활동, 재무활동, 투자활동으로 구분된다. 이 세 가지 각각의 항목은 현금 조달 원천과 현금 사용처를 활동별로 구분하여 보다 상세히 알려준다.

1) 영업활동으로 인한 현금흐름

영업활동으로 인한 현금흐름은 제품의 생산 판매와 같이 기업영업과 관련해 직접적으로 발생한 현금 유출입을 보여준다. 쉽게 말해 기업이 영업활동을 통해 얼마의 현금을 쓰고 얼마의 현금을 창출했는지 보여주는 항목이다. 영업활동으로 인한 현금흐름이 (+)를 기록하면 기업이 영업활동을 통해 현금을 창출했음을 의미한다. 반대로 (-)인 경우에는 기업의 영업활동으로 인해 현금이 유출됐음을 의미한다.

대부분 기업의 목적은 이윤 추구다. 때문에 기업이 정상적인 영업활동을 한다면 당연히 (+)현금흐름을 보여야 한다. 일시적으로 (-)현금흐름을 기록할 수도 있으나 지속적으로 (-)가 발생한다면 기업 영업활동 자체에 문제가 있다고 볼 수 있다.

영업활동으로 인한 대표적인 현금 유입 항목에는 매출채권의 현금회수, 운전자본감소, 이자수입 등이 있으며, 반대로 현금 유출에는 재고자산 생산원가, 인건비 지급, 운전자본증가 등이 있다. 이중 몇 가지 항목만 자세히 살펴보자.

> **재고자산:** 기업의 재고자산 증가는 현금 유출을 뜻한다. 기업은 재고자산을 만들기 위해 원재료, 인건비 등의 현금 지출이 들어간다.
>
> **선급비용:** 선급비용이란 미리 지급한 비용으로 현금 유출을 동반한다. 기말잔액에서 기초잔액을 차감해 순현금 유출을 구할 수 있다.
>
> **매출채권:** 기업이 물건을 판매하고 현금 대신 채권을 받은 경우다. 때문에 받아야 할 돈을 받지 못한 것이므로 매출채권 증가는 현금 유출을 뜻한다. 매출채권의 기말잔액에서 기초잔액을 차감해 순현금 유출을 구할 수 있다.

영업활동현금흐름	72,982,621	44,137,427	62,181,346
영업에서 창출된 현금흐름	75,830,873	46,547,889	71,728,568
당기순이익	34,451,351	15,487,100	55,654,077
조정 (주27)	42,947,079	36,519,534	33,073,439
영업활동으로 인한 자산부채의 변동 (주27)	(1,567,557)	(5,458,745)	(16,998,948)
이자의 수취	4,008,359	4,786,010	2,136,795
이자의 지급	(675,049)	(844,691)	(714,543)
배당금 수입	268,482	269,169	529,421
법인세 납부액	(6,450,044)	(6,620,950)	(11,498,895)

삼성전자 연결 현금흐름표_영업활동현금흐름 〈출처 삼성전자 사업보고서〉

2) 투자활동으로 인한 현금흐름

투자활동이란 투자와 관련된 현금 유출입을 뜻한다. 기업의 입장에서 투자를 진행하면 현금 유출이 발생하므로 (-)현금흐름이 나타난다. 반대로 투자 자산을 처분하면 현금 유입이 생기 때문에 (+)현금흐름이 발생한다.

현금 유입에는 대여금 회수, 유형·무형자산 처분, 유가증권 처분, 투자자산 처분 등이 있다. 반면, 현금 유출에는 현금 유입과 반대되는 항목이 있다고 생각하면 쉽다. 현금 대여, 유형·무형자산 취득, 유가증권 취득, 투자자산 취득 등이 있다.

요즘과 같이 변화가 빠른 현대사회에서 살아남기 위해 기업은 지속적인 성장을 위한 투자를 진행해야 한다. 따라서 투자활동 현금흐름은 (+)보다는 (-)를 나타내는 것이 좋다.

기업이 미래를 위해 기계장비, 부동산(유형자산) 등을 사들여 설비를 확장하고, 건실하게 기술개발 등에 투자하고 있다면 조만간 기업의 매출액 증가가 나타날 가능성이 높기 때문이다.

3) 재무활동으로 인한 현금흐름

재무활동이란 기업이 금융기관으로부터 돈을 빌려오거나(유입) 갚는(유출) 활동을 뜻한다. 기업의 입장에서 돈을 갚으면 현금 유출이 발생하므로 (-)현금흐름이, 기업이 돈을 빌려오면 현금 유입이 발생하므로 (+)현금흐름이 나타난다.

재무활동 중 현금 유입이 발생하는 항목에는 자금차입, 유상증자, 사채발행 등이 있으며 반대로 현금 유출이 발생하는 항목에는 배당지급, 차입금상환, 사채상환 등이 있다.

3. 현금흐름에 따른 기업 유형

투자자는 현금흐름표의 3가지 항목을 통해 기업의 대략적인 유형을 알 수 있다. 3가지 현금흐름을 아주 단순하게 생각해 보면 기업 유형이 쉽게 눈에 들어온다.

첫 번째 영업활동으로 인한 현금흐름은 기업의 영업활동과 관련된 항목이다. 따라서 쉽게 생각해 보면 기업이 장사를 잘했다면 현금 유입이 발생하고 그 반대라면 현금 유출이 발생하게 된다.

두 번째 투자활동으로 인한 현금흐름은 기업의 투자와 관련된 항목이다. 쉽게 말해 기업이 투자를 진행했다면 현금 유출이 발생하고, 반대로 투자자산을 처분했다면 현금 유입이 발생한다.

세 번째 재무활동으로 인한 현금흐름은 기업의 재무활동과 관련된 항목이다. 기업이 돈을 빌렸다면 현금 유입이 발생하고, 빚을 갚았다면 현금 유출이 발생한다.

위의 6가지 상황을 다시 간단하게 표기하면 아래처럼 구분할 수 있다.

영업활동에 의한 구분
현금 유입(+)=영업흑자 vs 현금 유출(-)=영업적자

투자활동에 의한 구분
현금 유입(+)=투자자산처분 vs 현금 유출(-)=투자진행

재무활동에 의한 구분
현금 유입(+)=대출실행 vs 현금 유출(-)=대출상환

가치투자의 대가로 유명한 존 네프는 위의 6가지 항목에 따라

기업을 우량, 성장, 재활, 위험 기업으로 분류했다.

(+는 현금 유입을 -는 현금 유출을 뜻함)

1) 우량기업:
영업+(영업흑자), 투자-(투자진행), 재무-(빚갚음)

기업이 영업흑자를 기록하면서 벌어들인 돈으로 투자도 하고 빚도 갚는 구조다. 기업의 가장 이상적인 선순환 구조라 할 수 있다.

2) 성장기업:
영업+(영업흑자), 투자-(투자진행), 재무+(돈빌림)

기업이 영업흑자를 기록하고 있으나 현금이 충분치 않아 외부에서 돈을 빌려와 투자를 진행하고 있는 구조다. 이 같은 기업은 향후 투자성과가 발생하기 시작하면 가파르게 성장할 가능성이 높다. 보통 사업 초기에 이런 형태의 자본 흐름이 나타난다.

3) 재활기업:
영업-(영업적자), 투자-(투자진행), 재무+(돈빌림)

기업이 영업적자를 기록하고 있으나 외부에서 돈을 빌려와 미래를 위해 투자는 지속하고 있는 구조다. 쉽게 말하면 외부에서 돈을 빌려서 투자를 진행하고 있으나 아직은 영업성과가 나타나지 않는 기업이다. 이러한 형태가 지속되면 결국 기업은 도산하게 된다. 반면 영업활동 부분이 (+)현금흐름으로 돌아서면 기업은 재차 성장할 가능성이 있다.

4) 위험기업:
영업-(영업적자), 투자+(투자자산처분), 재무+(돈빌림)

기업이 영업적자를 기록하면서 내부적으로 현금이 부족해 투자자산을 처분하고 이것도 부족해 외부에서까지 돈을 빌려오는 구조다. 일반적으로 기업이 사업의 규모를 축소하는 것 외에 더 이상의 방도가 없을 때 나타나는 형태다. 기업이 매우 안 좋은 상태이거나 기업을 정리할 때 이 같은 현금흐름이 나타난다.

4. 기타재무제표: 주석

주석은 재무제표를 읽는 사람들의 이해를 돕기 위한 일종의 보충 설명이라 볼 수 있다. 기업의 사업보고서를 보면 재무제표 바로 밑에 재무제표 주석 항목이 있다.

주석은 기본적으로 기업에 대한 일반적 사항, 중요한 회계처리 방침, (재무제표 작성 기준, 중요한 회계정책, 금융상품, 매출채권, 기타유동자산, 재고자산, 매도가능금융자산, 유형·무형자산) 등에 대해 보충적 정보 및 우발부채 및 약정사항과 같은 계량/비계량적 정보 등을 포함하고 있다.

주석은 일반적인 사항보다 가변적인 사항이 많아 기업마다 중요도가 각기 다르다. 이 중에서도 중점적으로 봐야 할 부분은 변경된 회계정책과 기업의 소송·고소 진행 사항, 부채에 관한 사항 등이다.

일반적인 기업의 경우 한번 확정한 기업회계정책은 잘 바꾸지 않는다. 그런데 수익 인식 기준이나 재고자산 평가 방법, 유가증권 분류 및 평가법 등을 변경했다면 주의 깊게 볼 필요가 있다. 이들은 자본변동표에서 설명한 분식회계와 연관이 높기 때문이다.

또한, 사업내용에 중대한 영향을 끼치는 소송·고소가 진행 중이라면 당연히 자세히 볼 필요가 있다. 실제로 한 섬유화학업체는 신소재 개발로 높은 영업이익을 올리고 있었는데, 미국 경쟁 기업의 특허권 침해 소송에서 패해 발생한 영업이익 대부분을 배상금으로 돌려줘야 했던 적이 있었다.

마지막으로 장기부채의 경우 이자, 만기일, 담보내용 등을 점검해 볼 필요가 있다. 특히 담보로 제공된 자산이 주요 사업 내용에 막대한 영향을 끼치는 자산이라면 보다 자세히 들여다봐야한다. 어떠한 이유로 자금을 차입했으며 어떻게 사용됐는지 주의 깊게 확인할 필요가 있다.